王霞 / 著

朱熹自然观研究

合肥工业大学出版社

目　　录

绪　论

一、本研究之缘起与意义

朱熹是宋代理学的集大成者，他一生精研学术，融合儒、释、道三家，建构起关照自然、社会、人生的博大的哲学思想体系，在哲学、史学、文学等多方面都取得巨大的成就，对于当时和后世都有着重大而深远的影响。钱穆先生认为："在中国历史上，前古有孔子，近古有朱子，此两人，皆在中国学术思想史及中国文化史上发出莫大声光，留下莫大影响。旷观全史，恐无第三人堪与伦比。"①

本书选取"朱熹自然观"作为研究课题，主要是出于两方面的考虑：首先，其丰富著述中有很多内容是关于自然的描述和解释以及对自然科学的探索，这些对于自然、宇宙的哲学思考就是朱熹的自然观。自然观是朱熹哲学体系中不可或缺的重要组成部分。

其次，朱熹的哲学思想熔铸自然与人生为一体。他不仅注重哲学思辨，将儒家的心性论推到新的理论高度，提倡以内省慎独来发明本心，强调人的道德自律精神，而且他的哲学思想涉及宇宙、生命、天人的各个领域，将宇宙、生命和天人关系纳入哲学的视域加以关照，不仅形成其独特的自然观，而且在其自然观中又体现了他的本体论、认识论等哲学思想。自然观是对于整个世界认识的基础，可以说，朱熹的自然观在其哲学思想体系中占有重要的地位，不仅是其哲学思想的重要组成部分，而且也是其本体论、心性论和认识论的重要理论基础。目前，关于朱熹的研究著述颇丰，多集中于朱熹的

---

① 钱穆：《朱子新学案》，巴蜀书社，1982 年版，第 1 页。

天理论、心性论等方面，对朱熹自然哲学方面虽亦有所涉及，然对其自然观方面做深入全面研究并不充分。本文拟从宇宙、生命、天人等方面对朱熹的自然观进行全面而系统地梳理与研究，试图通过对大量文献的梳理分析，阐明朱熹自然观的基本内涵和主要内容，展现朱熹自然观是如何对佛家、道家思想批判和吸收，进而分析朱熹自然观所蕴含的不可忽视的现代价值。

朱熹自然观是其对于自然界的认知和理解。自然的概念具有广义的自然和狭义的区分，广义的自然指的是有无穷多样性的一切存在之物；而狭义的自然指的是与人类社会相区别的物质世界，也就是自然界，就是各种物质系统的总和，通常可分为非生命系统与生命系统两大类。当然，广义的自然包括人类社会，因为人类社会是由自然界发展而来的。“自然观指的是对于自然界总的认识，大体包括人们关于自然界的本原、演化规律、结构以及人与自然的关系等方面的根本看法。自然观是人们对整个世界认识的基础，因而任何一种系统的哲学必然包含与之相适应的系统的自然观”①。自然观的形成和发展与科学技术的发展有密切的联系。同样，朱熹的自然观是他在当时的自然科学与技术发展的基础上，形成的对于自然界的认知和看法。朱熹的自然观是其哲学思想的不可忽视的重要组成部分。

朱熹自然观是自然科学知识和哲学思想理论的结合，既是朱熹对于自然科学知识的理解和认知，也是对于自然的本原以及世界的存在、发展、变化所进行的哲学探究，这其中就融会了朱熹的哲学思想。朱熹自然观的形成体现了他对于两宋之时自然科学最新成果的概括和运用，并发展和更新了当时人们关于宇宙自然产生和发展的看法与理论，其中最为著名的是北宋五子（周敦颐、张载、邵雍、程颢、程颐）的相关自然哲学思想，比如周敦颐的《太极图说》试图以太极、阴阳、五行、万物等范畴来构造宇宙生成与发展的过程，提出太极生阴阳、阴阳生五行、五行生万物的宇宙生成模式；张载提出“气”是宇宙天地的本原，认为宇宙构成就是气和万物的相互转化的过程；邵雍则依据“太极”生“两仪”的模式，认为宇宙生成的模式就是一分为二，二分为四，四分为八，是一个由少至多，由一至万的分化过程；二程认为“理”是宇宙的本原，是创造宇宙万物的精神本体等，他们都对宇宙的本

① 中国大百科全书编辑委员会：《中国大百科全书·哲学卷》，中国大百科全书出版社，1987年版，第1258页。

原和演化做了积极而有意义的构想，并在自己的思想体系中加以论证，这些思想后来都或多或少的被朱熹吸收或发展，融入其自然观中。朱熹的自然观是对于北宋先贤自然思想的继承和发展，也体现了当时的人们对于自然的认知和理解的深化。随着宋代自然科学的高速发展和社会繁荣，人类对于世界的认识更加深化，人们对于自然的认知也愈加清晰和准确，朱熹的自然观正是体现了自然科学知识和哲学思想的结合。朱熹的自然观是根植于其哲学思想体系之中，汲取当时先进的自然科学知识，以思辨的方式构造起他对于自然界的根本看法和总的观点，是对北宋五子相关自然思想的继承和发展，也体现了当时的人们对于自然界规律的认知和理解的不断充实和深化，正因为如此，朱熹的自然观是其哲学思想的理论基础。

尤其需要指出的是，自然界不仅是指独立于人之外的自然界，而且还包括经过了人改造的自然界、人按照自然规律创造出来的人工自然界，因而，朱熹的自然观所关涉的对象并不仅仅是狭义的自然界，而且应当关照包含人类、自然和社会的广义自然界，因此朱熹自然观的内容相当丰富，具体可以分为三个重要的组成部分：宇宙观、生命观和天人观。宇宙观体现了朱熹对于自然界中非生命系统的认知，如宇宙的本原、宇宙的形成、各种天体的运行等看法。朱熹对于自然界的生命系统的认知则体现在其生命观中，包含了他对于自然界的动植飞潜的认知，以及对于人的生命本原的理解。此外，朱熹的自然观还体现了人类与自然界的相互作用，就是说人类可以在生产实践中，运用科学技术掌握自然之理来改变自然的面貌，处理人与自然之间的关系，这就是朱熹自然观的第三个重要内容——天人观。至于宇宙观、生命观和天人观三者的关系，简而言之，宇宙观体现的是对于天道的探究，是生命观和天人观的基础；生命观是对于人道的思考，是将天之道联系到生命之道上；而天人观正是在宇宙观和生命观的基础上，将天之道与人之道结合起来，体现对于整个大自然的探索和理解，这三者组成朱熹独特的自然观。

总的来说，虽然朱熹的哲学思想难以跃出唯心主义的窠臼，然而他的自然观却体现出相对独特的理论价值，朱熹的自然观以自然为关注对象，不仅是其哲学思想对于宇宙自然的现实关注，也是形而下的自然万物以思辨的形式存在于朱熹的哲学思想中，包含了朱熹对于宇宙、生命、人类与自然界关系的探究和追问，体现了他关注自然、尊重生命的理论倾向。正是因为如此，朱熹的自然观是其哲学思想不可或缺的重要组成部分，为人们认识自然，把握自然之理，与自然和谐相处，提供了借鉴和参考，时至今日，仍有不可小觑的作用。

二、前人研究综述

目前涉及朱熹自然思想或自然科学思想的研究成果主要有以下几类：在哲学史或思想史中作为章节涉及朱熹自然观思想或自然哲学思想的有：黄宗羲在《宋元学案》中赞叹朱熹“博览群书，自经史著述而外，凡夫诸子、佛老、天文、地理之学，无不涉猎而讲究也”[①]，认为朱熹对于天文地理等自然科学皆有涉及。冯友兰先生在《中国哲学史新编》对朱熹的宇宙论的具体形成过程进行了分析，对于朱熹思想中阴阳的交易与变易、对待与流行等思想作了阐述，涉及朱熹自然观的一些方面。此外，唐君毅先生的《中国哲学原论·原性篇》、侯外庐先生等主编的《宋明理学史》、张立文先生的《宋明理学研究》和《朱熹思想评传》等著作都对朱熹自然观方面有所涉及，所提出的观点也较有启发意义，在此不一一赘述。

在研究中国古代科学史或科学技术史的专著中涉及朱熹关于自然方面的思想有：英国著名科技史家李约瑟在《中国科学技术史》中讨论了朱熹理学的科学思想，认为朱熹理学是一种有机的自然主义，是现代有机自然主义的先导。李烈炎、王光所著的《中国古代科学思想史要》的“理学卷”通过全方位考察朱熹哲学，认为朱熹理学是中国古代哲学中一个最具自然哲学倾向的思想体系，就“中国古代”而言，再没有产生类似于朱熹理学这样的哲学体系，来广泛地包容自然科学成分，频繁地探讨自然科学命题。乐爱国先生在《中国传统文化与科技》一书中认为就认识过程而言，朱熹的“格物致知”研究具体的自然之物，就包括研究自然科学，就是通过研究自然之物去把握自然之理。此外，涉及朱熹自然观或朱熹自然哲学思想的还有席泽宗先生的《中国科学技术史·科学思想卷》、李申先生《中国古代哲学与自然科学》、等等。

在研究朱熹哲学思想的专著中提到或涉及朱熹自然哲学相关思想的有：钱穆先生的《朱子新学案》从思想史的角度对朱熹学术的各个方面作了梳理，书中对朱熹自然观思想方面亦有涉及，书中论太极、论阴阳、论理气等章节，

① ［清］黄宗羲著：《宋元学案·晦庵学案上》，中华书局，1986 年版，第 1505 页。

也是朱熹自然观研究的重要参考。他在《朱子学提纲》说："朱子言格物，不得谓其是一自然科学家，然朱子于自然科学方面亦有贡献。以朱子观察力之敏锐，与其想象力之活泼，其于自然科学界之发现，在人类科学史上，亦有其遥遥领先，超乎诸人者"①，高度评价了朱熹在自然科学方面的成就。范寿康先生在《朱子及其哲学》的第五章中从本体论和现象观两方面来阐述朱熹的自然哲学，认为朱熹的本体论是理、太极，现象论是气、万物，以此来解释朱熹"理一分殊"的宇宙观。乐爱国先生在《朱子格物致知论研究》一书中认为朱熹不仅在格致观上强调认识自然事物，而且身体力行亲身研究自然事物，以科学的态度研究自然，并取得了较为重要的科学成就。蔡方鹿先生在《朱熹与中国文化》中认为朱熹的自然科学思想包括宇宙观、天文观和气象论，在论述朱熹的自然科学思想时亦有许多启发性的观点。此外，还有一些有关朱熹学术思想研究的其他著作涉及朱熹自然观或自然哲学，此处不一一赘述。

迄今为止，关于朱熹自然哲学或自然科学的研究专著并不多，主要有：日本科学史家山田庆儿先生所著《朱子の自然学》，对朱熹在宇宙论、天文学和气象学等方面的成就都予以了全面的论述和评价，并且认为朱熹是一位"自然学家"。韩国首尔大学的金永植先生所著的《朱熹的自然哲学》总结了朱熹自然哲学的基本概念，从自然科学的角度切入对朱熹的研究，将朱熹所论自然世界与专门之学的"科学"传统的加以比较，认为朱熹对于自然的认知是独特而正确的；作为一名研究自然科学出身的科学史家，金永植肯定朱熹在科技知识方面达到了相当高的水平。徐刚先生的《朱熹自然哲学思想论稿》对于朱熹自然哲学的诸多思想皆有所涉及并加以阐释，对于探究朱熹的自然哲学思想较有启发意义等。总的看来，前人对于朱熹关于自然的哲学思想已经有所关注，对于朱熹自然哲学的相关范畴和观点亦有涉及，然在将其归纳系统化为自然观的方面仍有深入探讨的空间。

关于朱熹自然观或自然科学思想的论文主要有以下一些论述。

（一）从自然科学方面论述朱熹思想的文章有：席泽宗先生在《中国科学思想史的线索》一文中认为，朱熹是很关心自然科学的哲学家，在关于高山和化石成因的观点和关于天地起源的看法上都有独到之处；张立文先生在

① 钱穆：《朱子学提纲》，生活 读书 新知三联书店，2002年版，第209页。

《朱熹哲学与自然科学》一文指出："朱熹对宇宙、天文、气象等自然学说都有贡献"①，充分肯定朱熹在自然理论上的成就；乐爱国先生的《朱熹：一位被遗忘的天文学家》一文，概括了朱熹在天文学上的卓越贡献，并对他的天文学研究在中国古代天文学史上的重要地位予以肯定；胡道静先生在《朱子对沈括科学学说的钻研与发展》文中认为朱子是我国历史上一位有相当成就的自然科学家；董光璧先生在《作为科学家的朱子》文中，论述朱熹的元气运动说对天文学发展的巨大贡献，认为他是一位非常有创造力的科学家等等，这些都充分肯定了朱熹在自然科学上取得的重要成就等。

（二）从自然哲学方面论述了朱熹思想的文章有：蒙培元先生的《朱熹哲学生态观》认为朱熹对"理"有多种解释，而其核心是自然之生理，强调实现仁的自觉，以爱心对待万物的精神。徐刚先生在《论朱熹对〈黄帝内经〉自然哲学方法的继承与发展》中认为朱熹在宇宙生成、万物化育等方面就多处借鉴了《黄帝内经》中"取象比类"的方法；在《从自然哲学走向数学哲学——论朱熹自然哲学对元明清数学的影响》一文中认为朱熹自然哲学对元明清数学发展产生了相当的影响，积极地促进了数学的发展。秦静良先生在《朱熹"格物致知"论的自然哲学意蕴发微——兼论以马克思主义的科学态度对待朱子》一文中认为朱子格致论的自然哲学意蕴，有助于传承中华优秀文化传统等等，充分肯定了朱熹哲学对于自然的关注，此外还有一些关于朱熹自然哲学方面思想的论文，此处不一一赘述。

国外对于朱熹自然思想的研究现状是，首先，朱熹哲学在日本的传播有着悠久的历史与传统，关于自然哲学方面的成果主要有：日本科学史家山田庆儿先生所著《朱子の自然学》。此外，一些涉及朱熹自然哲学的著述有：今井宇三郎先生的《宋代易学の研究》，山田庆儿、田中淡编的《中国古代科学史论》，小野泽精一、福永光司和山井涌编著的《气的思想——中国自然观和人的观念的发展》等对于研究朱熹自然哲学思想也极具有启发意义。其次，朱熹的哲学思想在韩国同样有着重要的影响，关于自然哲学方面主要成果是韩国首尔大学的金永植先生所著的《朱熹的自然哲学》，对于朱熹自然哲学的相关概念以及朱熹对于自然现象的认知等方面都做了有意义的探讨。此外，德国学者莱布尼茨的《致德雷蒙先生的信：论中国哲学》，英国著名科技史家

① 张立文：《朱熹哲学与自然科学》[J]，孔子研究，1988年第3期。

李约瑟的《中国科学技术史》对于朱熹的自然哲学成就都给予充分的肯定等。

综观上述的研究成果，可以看出前辈们对于朱熹的自然思想主要是从两方面进行研究的：一、在自然科学的角度上，充分肯定朱熹在自然科学方面丰富的知识，认为朱熹对宇宙、天文、气象等自然理论上都有贡献，是我国历史上一位有相当成就的自然科学家。二、肯定朱熹是一位很关心自然和科学技术的哲学家，通过总结朱熹自然思想的基本概念，揭示朱熹对于自然界的认知和看法。由此可见，前辈们对于朱熹丰富的自然科学知识是充分肯定的，对于朱熹自然思想也予以关注，但是总的看来，对于朱熹自然观方面做深入系统地研究较少，也比较笼统，尤其是在传统儒学发展的基础上，厘清佛家道家思想的影响，理清朱熹自然观的基本内涵和内在逻辑，对于朱熹自然思想进行全面的梳理，进行系统化的归纳，进而整理出朱熹的自然观，从整体上细致深入地研究朱熹自然观是不足的，可以说，自然观问题是朱熹哲学中的一个薄弱环节。

三、研究范围与研究方法

朱熹的自然观是他以哲学的视角来关注自然的结果，他对于宇宙、生命和天人关系的看法就是他独特的自然观的基本内容。因而，本研究所做的就是立足于朱熹的著述，认真具体地分析著述中关于宇宙生命的观点，实事求是地把握和理解朱熹对于自然的根本看法，例如，在《朱子语类》中就多有论及天体形成，星辰运行等关于天地宇宙的看法，而这些就是朱熹自然观的具体体现，所以必须将这些论述仔细地归类，认真地分析，由此来全面探析朱熹自然观的基本内容和根本意蕴。

在此基础上，本研究的范围和内容就是：首先，探析朱熹自然观的具体内容，主要从三个基本方面来分析，即从宇宙观、生命观和天人观来揭示朱熹对于自然、生命、天人关系等方面的看法，试图从“宇宙观”“生命观”和“天人观”来全面了解朱熹的自然观，剖析其自然观是如何体现出对天、地、人的本质探索和现实关注的，进而说明朱熹的自然观所体现的对于自然的关注，对于生命的理解，不仅是对传统儒家自然思想的继承和弘扬，而且在科技高度发展的今天亦有重要的价值和意义。其次，将朱熹的自然观作为一个整体，联系其产生和形成的现实因素和理论渊源，探讨朱熹是如何实现对传统儒家自然思想的继承与发展，并将之与当时先进的自然科学知识相结合，而形成自己独特的自然观。朱熹的自然观体现了对两宋时期自然科学成果的汲取，和对于传统儒家自然思想的继承，既体现了自然科学的进步对于哲学思想的发展产生巨大的影响，而另一方面，也说明了哲学思想的发展与完善，包含了对于先进的科学知识的吸收和运用，可以说朱熹的自然观体现了人文精神和科学精神的高度融合。最后，立足于朱熹自然观的基本内容，厘清佛家、道家思想对于朱熹自然观的影响，来考察朱熹的自然观是如何汲取佛、道两家思想的合理因素而有所超越，实现对于儒家、道家、佛家思想的融合和创新。

以上就是本研究的基本内容和范围，而本文所采用的研究方法主要是，首先，采用历史与逻辑相统一的研究方法，在反复研读朱熹著述的基础上，联系朱熹自然观产生的现实因素、理论渊源以及朱熹的自身因素来考察其自然观的形成，试图揭示朱熹自然观的产生在儒学发展史上的必要性和其自身思想发展的必然性，以期从根本上全面把握朱熹的自然观。其次，采用比较分析的研究方法。朱熹的自然观不仅是对于传统儒家自然思想的继承和发展，而且是融合儒家佛家道家思想的产物，实现了儒佛道的三者合一，因而，本文立足于朱熹自然观的具体内容，采用比较分析的研究方法，考察其对于佛家、道家思想的批判和借鉴，分析其对于佛道二者思想的融合与吸收，乃至有所发展和创新。除此之外，本文还运用了宏观分析方法、文献研究法等研究方法。总的来说，历史与逻辑相统一的研究方法与比较分析的研究方法是本文运用的主要研究方法，交叉运用于本论文之中。

本文的创新之处就在于以朱熹的著述为基本依据，将其关于自然的哲学思想归纳为自然观，并依据自然观内在的逻辑联系将之划分为“宇宙观”“生命观”和“天人观”三个方面，并且和佛家、道家相关思想进行联系、比较和分析，以期完整、全面、精准地展示朱熹的自然观。朱熹的哲学思想集儒家之大成，是内容丰富、系统完备的理学思想体系，自然观在其哲学思想中占有不可忽视的重要地位，本文写作初衷便是在传统儒学发展的基础上，选择“宇宙观”“生命观”和“天人观”的思想内容作为切入点，来全面了解和剖析朱熹关于宇宙、生命和天人关系的自然观。

第一章　朱熹自然观的形成

朱熹的哲学思想注重探究人类与自然的关系，关注人在天地之间的存在，因此，自然观在朱熹的哲学思想中占有极其重要的地位和价值。朱熹自然观的产生和形成也是多种因素合力的结果，既与其生活的时代和社会现实有密不可分的关系，也与他特殊的人生经历和学术发展的道路密切联系。

第一节　朱熹自然观产生的现实因素

朱熹自然观产生的现实因素主要包括其思想产生和发展的时代背景，以及由时代所决定的科技因素。

一、朱熹自然观产生的时代

朱熹生活的宋代是社会高度发展和经济迅速繁荣的时期，生产的发展促进商业的繁荣，经济的发展推动文化的进步，朱熹自然观的形成当然离不开当时的时代因素。

首先，两宋时期是我国历史上较为兴盛的时期。大量的文献资料显示，宋代的生产力发展已经达到中国封建社会前所未有的水平，生产技术也得到显著的提高。因为科学技术的发展，生产工具的进步，生产力的提高，促进农业、手工业等发展迅猛，当时社会上的许多生产部门，例如造纸、印刷业等行业在生产技术水平上都有了长足的进步。同时，在农业和手工业高度发展的基础上，当时社会的商品经济也得到进一步发展，这些体现在城市的繁华、商业的繁荣等方面。商业的繁荣又促进整个社会在各方面的全面发展，包括当时社会文化的发展。正是有此社会高度发展的时代背景，为两宋之际的思想家们探究宇宙、思索生命提供了现实的条件。

其次，经济的发展促进了文化的发展，促进了文明的进步。在中国历史上，宋朝的文化极为繁荣，这种繁荣不仅是物质文化的繁荣，还包括精神文化方面也取得了长足的进步。著名史学家陈寅恪先生就曾说“华夏民族之文化，历数千载之演进，造极于赵宋之世”①，高度认同和肯定两宋之际的文化成就。宋代在文化上达到了相当的高度，例如，就文学艺术领域而言，无论是散文、诗词还是话本小说此时都取得相当的成就，值得称道的是宋代诗词成就颇大，宋代诗词以内敛和理性的特征区别于唐诗，尤其是词的创作更是蔚为大观，足可以与唐诗相媲美，达到全盛时期。此外，其他诸如书法、雕刻、绘画等方面，在宋代的发展都达到了新的水平，这些都是宋代文化高度繁荣的结果。当然，宋朝文化的繁荣是基于其经济的高度发展的基础之上。

最后，文化的进步促进了哲学思想的进一步发展，特别是朱熹生活的南宋时期，在经历了魏晋玄学与隋唐佛学对儒学的冲击后，一直以来处于中国思想主导地位的儒学暴露了自身存在的一些弱点，出现了进一步完善的空间。例如，相较于道家玄学与佛家思想对于人性、心性等问题的更加精致，更加思辨性的看法，而强调入世有为的儒家对于人性、心性等问题的认识不及道家和佛家那般深刻，理论上也不及道、佛两家那般注重哲理玄思的追本溯源，因而，并不能在根本上应对佛家、道家学说。虽然当时韩愈等人对人性等问题也提出了不同于前人的新见解，做了有意义的尝试，试图以此回应佛学的挑战，但是都未能从根本上认识到人性、心性等问题的本质，论述的思辨性也不够严密，因此也就不能从根本上推翻佛家学说。因此，儒学在宋代的复兴就必然要弥补自身理论之缺陷，吸收佛家、道家思想之中的合理因素，加以扬弃来发展和完善儒家思想体系。应对佛老的挑战就必须要建构起完备的理论体系，解决一些哲学上的根本问题，例如，就人性论而言，“孟子亦只是大概说性善。至于性之所以善处，也少得说”②，传统儒家只是说人性的善恶，而并未从根本上探究人性为何是善，为何不是恶？只是说明人性是怎样的，并未充分分析人性为何是这样的，因而相较于佛家对于人性问题的看法，显得论证不充分，思辨不严密，思想不完备。在朱熹看来，“孟子不曾推原源头，

① 陈寅恪：《金明馆丛稿二编》，上海古籍出版社，1980 年版，第 245 页。
② ［宋］黎靖德编：《朱子语类》卷二十八，中华书局，1986 年版，第 726 页。

不曾说上面一截”①，就清醒地认识到要发展和完善儒家人性论的观点，就必须要把“上面一截”说出来，因此朱熹将理论的视角投射于宇宙天地，探究生命本身，追问天人之际，追本溯源，提出“理是世间万物的本原”“理在人心就是性”和“仁就是天之生理体现于人心上”等观点，建立了以“理”为本体的体系严密的哲学思想，也丰富和发展了儒家的思想体系，弘扬了儒家的伦理道德，特别在心性论和本体论的角度，发展了孟子的关于“心性”的思想，回应了佛家和玄学思想的挑战，也因此构建以“宇宙观”“生命观”和“天人观”等思想为主要内容的自然观。

对于儒学而言，玄学、佛学的存在和发展既冲击儒学的存在，也为儒学的自身发展和自我完善提供了可供借鉴的合理因素，因而理学的产生就是在援佛、道入儒的基础上，儒学自身发展的必然趋势，朱熹很注重哲理思辨，将理与天相联系，把传统天人和谐的思想推向了新的理论高度。

二、朱熹自然观产生的科技因素

宋代科技的高度发展为以朱熹为代表的哲学家进一步去探究世界的本原和自然的奥秘提供了理论上的可能和科学上的新视角。朱熹自然观的产生和形成离不开两宋时期高度发展的科学技术，特别是宋代自然科学的发展所取得的诸多优异的成果，为朱熹自然观的产生提供了不可或缺的科技知识支持和理论准备。

宋代在中国历史上是科技发展最为辉煌的时期，在当时处于世界领先的地位。在科学技术方面，中国历史上的各个朝代都不能和宋代相比，两宋时期的科学技术的进步不仅表现在科学技术探索和研究的范围比较广泛，而且在研究深度上比以往更加细致深入，取得的科技成果也比以往更高更令人瞩目。

首先，宋代科学技术的发展范围非常广，涉及天文学、医学、数学、地理学等诸多方面。在天文学方面，北宋有两次天文史上著名的超新星记录，世界上第一台天文钟和浑天仪也制造于宋代。在医学方面，不仅分科更加完备，而且名医频出，医学名著颇多，例如，名医陈自明不仅精通外科与妇科，而且其所著的《妇人大全良方》影响深远，直至清代仍被医者奉为妇科医书

① ［宋］黎靖德编：《朱子语类》卷四，中华书局，1986年版，第70页。

的经典。宋慈所著的《洗冤集录》可以说是中国乃至世界历史上的最初的司法检验专著，确立了中国古代法医学的理论基础，而且对于后来世界范围内的法医学发展具有深远的影响。在数学方面的杰出代表是秦九韶和杨辉，都取得了相当大的成就，李约瑟就将宋代看作是一个“伟大的代数学家的时代”[①]，而且认为“中国的代数学”于此时达到顶峰。在地理学方面，沈括研制的地理模型图具有重要意义。此外，其他如建筑学等方面在宋代的发展亦有显著成就等。可以说宋代科技的发展体现于生活和生产的各个方面，影响极为广泛。

其次，宋代的科技探索与获得的成就都达到了相当的高度。宋代科学技术的发展范围不仅相当广泛，而且研究程度更加深入，许多科技成就都达到相当的高度。如同宋史专家邓广铭先生所说的“宋代是我国封建社会发展的最高阶段，其物质文明和精神文明所达到的高度，在中国整个封建社会历史时期之内，可以说是空前绝后的”[②]，宋代有许多科技成果不仅在中国科技史上，而且在世界科技史上也名列前茅。例如，众所周知的中国古代的四大发明之中活字印刷术、火药和指南针三项，都是在宋朝得以完善并逐渐流传开来，在世界范围产生了重要的影响。造纸术也于此时得到重大改进，冶金技术取得了技术上的重要进步，而印刷术、指南针等重要的科技发明，不仅是宋代科学技术高度发展的重要标志，也充分展现了宋代在中国科技史上的独特而重要的地位。简而言之，无论是从天文学、医学、地理学等科技发展所取得的广泛成就，还是从科技探索的现实高度而言，宋代科技的发展都是不容忽视的。

最后，宋代科学技术的高度发展，还表现在研究和探索科学技术的能人辈出。例如，沈括是宋代主要的科技代表人物，“是中国整部科学史中最卓越的人物”[③]，代表作《梦溪笔谈》就是他丰富的自然思想和科学研究方法的综合体现。他的科学成就是多方面的，在天文、地学、工程技术等众多领域都取得不可忽视的成就，作出了创造性的重要贡献。尤为值得一提的是，沈括的科技思想还深深地影响了朱熹，朱熹极为熟悉沈括的著述，在他对于自然

① （英）李约瑟：《中国科学技术史》第一卷《总论》，科学出版社，1975 年版，第 292 页。
② 邓广铭、漆侠著：《宋史专题课》，北京大学出版社，2008 年版，第 4 页。
③ （英）李约瑟：《中国科学技术史》第一卷《总论》，科学出版社，1975 年版，第 289 页。

的探索和实践中，积极吸收沈括科技思想及研究方法，在很多方面极为认同沈括的观点，充分肯定沈括的学说，甚至认为“唯近世沈括之说乃为得之”①，可见，朱熹对于沈括的学说是颇为赞赏的，特别是对沈括在天文理论方面的成就更加认可。此外，朱熹在对于自然万物的观察和观测中十分推崇沈括在科学研究时的理性精神，提倡以亲身实践来研究天地之理，甚至通过研制仪器进行科学探索的实践。

总的来说，社会的进步促进生产的发展和文化的繁荣，尤其是科学技术的进步为朱熹自然观的产生提供了完备的现实条件。

第二节　朱熹自然观形成的理论渊源

朱熹自然观的产生不仅是在当时社会发展和科技进步的基础之上，而且与传统儒家关注自然的思想和北宋五子自然哲学思想有着极为密切的关系。

一、朱熹对于传统儒家自然思想的传承

传统儒家强调与自然和谐共存的思想是朱熹自然观形成的重要理论渊源之一，朱熹对传统儒家自然思想的传承主要集中为两个方面：一、传统儒家对于自然的认知；二、传统儒家对于自然万物的态度。

儒家对于自然的认知主要就是认为人是自然的一部分，自然界并不是一个外在于我，与人类相对立的绝对客观的自然，人存在于自然之中，与自然相即相融，和谐共存。首先，传统儒家对自然的认知体现于肯定人类与自然本质相同。孔子认为“天何言哉？四时行焉，百物生焉，天何言哉”②，就是说天地有着本身运动的规律，就像四时的更迭，万物的生长，这些都是自然而然的过程，天地之道是“行”四时，“生”百物的生生的功能，这是“天道”自身使然，是自在自行、无意识的过程。天地之道自在无意地化生万物的功能，恰恰体现了自然的生生之道，因此，儒家认为自然的本质就是“生”，而生于自然之中的人具有与天地一样的“生”的本质，具有相类似的

① 朱杰人、严佐之、刘永翔主编：《朱子全书》，第十九册《楚辞集注》，上海古籍出版社；安徽教育出版社，2002 年版，第 68 页。

② 杨伯峻注：《论语译注》，中华书局，2006 年版，第 211 页。

特点，因而人与自然并非截然对立，人不仅可以体会自然的生生之道，而且可以将此生生之道运用于现实的实践中，就是以“仁民爱物”来实现与自然万物和谐相处。例如，孟子认为人与自然的关系是极其密切的，在他看来，人与自然就是一个和谐共生的整体，他说“天之生物也，使之一本，而夷子二本故也”①，认为人类同自然界其他物种一般源于自然，而且在宇宙自然万物中，人独独能够实现与自然和谐为一的局面，就是“万物并育而不相害，道并行而不相悖”② 的理想状态，故而人与天地万物相互和谐的关系正是缘于人类与自然的本质相同。

其次，传统儒家不仅认为人与自然并不对立，而且应当相即相融，就是说人与自然之间相融和谐的境界应当是人生命的理想之境。关于生命的理想之境，《论语》中提到曾点之乐就是典型的例子，曾点之乐说的是在暮春时节，与朋友和儿童一起洗浴于沂水，歌咏舞蹈悠游而归，这就是人生莫大的乐趣。可见，在此曾点所崇尚的正是人之生命的“自然境界”，这是一种人与自然悠游与共的和谐之境。对此，孔子也极为认同和赞赏，他说：“吾与点也”，可见在孔子心中最为欣赏的理想之境就是人能够欣赏自然之美，并融入大自然中，达到人与自然相即相融的理想境界。后来，孟子也认为自然与人之间的关系不仅并非互相对立，还进一步认为人要实现与自然的相即相融，就在于人应当以提升自身的道德内涵来顺应自然，因为在孟子看来，自然之道内在于人心，人只有反身内求，才能上通于天，通晓自然之中所蕴含的生命的意义。在关于生命的修养方面，孟子提出养浩然之气的观点，他认为“浩然之气”是“其为气也，至大至刚，以直养而无害，则塞于天地之间”③，就是认为气是自然界万物所共有的，既存在于大自然之中，也体现于人的生命中，人作为自然界中一员，要努力培养这种得于天地的气，培养自身的德行，修养“浩然之气”，最终实现生命的理想境界。

最后，传统儒家在人与自然的和谐共存的关系中，也认识到人与自然界其他物种的差异。人是自然界中一员，与自然界的动植飞潜，组成相即相融，和谐共存的整体，同时传统儒家也意识到人与自然之间的差别，所以在肯定

① 万丽华、蓝旭译注：《孟子 · 滕文公上》，中华书局，2006 年版，第 119 页。

② 王国轩译注：《大学　中庸》，中华书局，2006 年版，第 129 页。

③ 万丽华、蓝旭译注：《孟子 · 公孙丑上》，中华书局，2006 年版，第 57 页。

人类与自然本质相同时，又提出“惟天地万物父母，惟人万物之灵”[①]，不仅指出人与自然的差别，而且认为人是万物之灵，表达了人类高于自然界他物的观点，而且认为人可以使自然发生改变。例如，孟子认为人可以以自身的力量使自然发生改变，就像“水无有不下”，水的自然本性是自高向下流淌，而人类却能堵截水流，让它倒流，引之上高山，“今夫水，搏而跃之，可使过颡；激而行之，可使在山”[②]，认为人具有改变自然之物的能力，这也体现了人不同于其他自然之物。

既然人与自然本质相同，同时人又是高于自然界他物的存在，那么人应当如何对待自然呢？正是基于以上对于自然的种种认知，儒家对自然的态度就是极为重视自然，并且认为人与自然应当和谐共存，以仁民爱物之情来对待自然。首先，强调人们应当顺应自然之道，在遵循自然之道的基础上实现人与自然的和谐共存。例如，孔子就大为提倡以仁爱来对待万物，尤其反对竭泽涸渔、覆巢毁卵的行为。孟子则继承孔子的仁爱思想，完善为“仁民而爱物”的主张，认为“君子之于物也，爱之而弗仁；于民也，仁之而弗亲。亲亲而仁民，仁民而爱物”[③]，认为可以由仁民至爱物这样的路径，来最终实现人与自然的和谐共存，相即相融，调节人与自然的关系。具体的措施就是“不违农时，谷不可胜食也；数罟不入洿池，鱼鳖不可胜食也；斧斤以时入山林，材木不可胜用也”[④]，就是在尊重自然规律的基础上，爱惜万物，保护万物，促进万物的发展，就是要不“违其时”，而且要取之有度，如若不然，终有一日会导致自然枯竭，而人类也将无以为生。孟子提倡爱物的观点为人们处理与万物的关系提供了启示，为促进人类与自然的和谐提供了方法。其次，人与自然万物的相即相融，和谐共存的过程中，人类能获得精神上的满足。因为自然山水的天然情境，能体现人的道德内涵，历来儒家提倡“万物皆备与我”，强调人“与天地参”，认为“知者乐水，仁者乐山”，大自然不仅在物质上满足人类生存的需要，而且也带给人们精神愉悦，正是因为如此，将天地自然与人的道德属性联系起来，是传统儒家自然思想比较特别之处，对后世影响较为深远。

---

① 李民、王健撰：《尚书译注·周书·泰誓上》，上海古籍出版社，2000年版，第192页。

② 万丽华、蓝旭译注：《孟子·告子上》，中华书局，2006年版，第240页。

③ 万丽华、蓝旭译注：《孟子·尽心上》，中华书局，2006年版，第315页。

④ 万丽华、蓝旭译注：《孟子·梁惠王上》，中华书局，2006年版，第5页。

传统儒家对自然的认知和态度都深深地影响了朱熹的自然观，首先，朱熹认同传统儒家关于人与自然是本质相同的观点，他很是赞同孟子的“万物皆备于我”的观点，认为宇宙万物能与我融为一体，就是因为自然万物之“理”都已内在地具于“吾身”之中，而人要做的就是切实地体认此理，并践行之，就可以实现天地之仁，不仅体现了传统儒家视人与自然和谐为一的观点，而且进而提出人与自然可以实现和谐为一的理想之境，正是基于具有共同“仁”，认为仁就是整个宇宙所充满的生生不已的精神，因而，将人与自然万物视为具有相同本质的整体。

其次，朱熹肯定传统儒家的关于人类与自然和谐共存的观点，并且认为在现实生活中，人之所以未能达到与自然相即相融的境地，就是因为被私欲所阻隔。他认为生命的本然状态是“天理流行”的状态，而之所以未能实现天与人的理想之境，就是因为人心为私欲所负累，去除私欲就可以实现“直与天地万物上下同流，各得其所之妙”[①] 的理想之境，就像曾子那样，曾点就是做到了无私欲，所以可以看出朱熹认为，自然与人的和谐之境就在于人要抖落私欲，归于自然之理，就可以进而实现“天理流行”“胸次悠然”的天理流行之境界，当然这种境界也就是传统儒家所推崇的人与自然相即相融、和谐共存的理想境界。

在现实的实践中，朱熹毕生都以诠释儒家经典为己任，而在传统儒家的许多经典中也有着丰富的科技知识，例如《诗经》《尚书》等都蕴含着丰富的自然科学知识。这些儒家经典一方面直接给予朱熹以自然观知识的启示，另一方面要诠释这样的儒家经典，朱熹自身就必须具备相关的自然科学知识，就必须进行相关的科学探索和研究，这样对儒家经典作出更为精准的理解和阐释。由此看来，传统儒家不仅为朱熹的自然观的产生和形成提供了思想基础，而且促进了朱熹对于自然的探索和追究，也促进了其自然观的形成。

二、朱熹对于“北宋五子”有关自然哲学思想的整合

朱熹的自然观是在北宋五子（周敦颐、张载、邵雍、程颢、程颐）有关自然哲学的理论上有所发展而形成的。宋代的理学家们在先进的科学技术发展的基础之上，他们对于自然之理亦多有关注和思考，提出在当时极具新意

---

① ［宋］朱熹著：《四书章句集注・论语集注》，岳麓书社，2008 年版，第 178 页。

的关于宇宙自然的观点，这其中以北宋五子最为突出，他们的理论和观点亦成为朱熹自然观形成的重要学术背景。

周敦颐是最早阐述宇宙论的儒家学者，他根据太极图所作《太极图说》与《通书》，实现了理学体系的初步架构，虽然理论还比较简约，但是基本上条理清楚。周敦颐以太极、阴阳、五行、四时、动静等范畴来解释宇宙本体及宇宙生成和万物变化的过程，构造了宇宙生成与发展的过程：太极化生阴阳、阴阳化生五行、五行化生万物，认为宇宙的始基是“太极”，“太极”又分为阴阳二气，二气运动阳变阴合，又生出五行之气，五行相生，则化生出人类和万物，这是一种宇宙生成论的模式。朱熹在宇宙本原和宇宙形成的看法上受此影响较深，特别是对于周敦颐所说“太极本无极也”的观点，朱熹的解释是“不言无极，则太极同于一物而不足为万化根本；不言太极，则无极沦于空寂而不能为万化根本”①，认为太极和无极是存在和本质的关系，无极并不是太极之上另有一物，而是太极存在的状态是无形质的，是无形而有理的存在，故而无极与太极是一体的，在宇宙观中，朱熹将宇宙的本原视为“太极”，可以看作为源于周敦颐的《太极图说》的重要影响。

张载对自然的探究更加深入，他的自然思想体系比较详备，在宇宙本原、宇宙形成、宇宙结构等方面都提出很多新颖的观点，总的看来，他认为宇宙的本原是气，宇宙构成就是气在万物之间的转化而形成的。在宇宙本原的问题上，张载提出“太虚即气”的观点，认为无形的太虚就是本体之气，太虚由气组成，无形之气是万物的本体，虚空并非无物，而是充满人无法看见的气。宇宙万物的形成则是因为太虚之气运动的结果，太虚之气无形，凝聚则为天地万物，气散开，万物又复归于太虚之气，所以他提出“太虚不能无气，气不能不聚而为万物，万物不能不散而为太虚”②。具体而言，气可以分为阳清和阴浊两类，阴浊之气凝聚而成为大地，阳清之气旋升而成为天，“地纯阴凝聚于中，天浮阳运旋于外”③，正是因为太虚之气的运动，所以天体也是运动的，在他看来，日月星辰都是向左旋转的，至于为什么有人认为天体是向右旋转，则是因为日月星辰原本都是与天一起左旋的，只是因为向左旋转的

① 朱杰人、严佐之、刘永翔主编：《朱子全书》第二十一册《晦庵先生朱文公文集》卷三十六《答陆子静》，上海古籍出版社；安徽教育出版社，2002 年版，第 1569 页。

② ［宋］张载著：《张载集·正蒙·太和篇》，中华书局，1978 年版，第 7 页。

③ ［宋］张载著：《张载集·正蒙·参两篇》，中华书局，1978 年版，第 10 页。

速度比较慢，故而看起来似乎是向右旋，他说："日月五星逆天而行，并包乎地者也。地在气中，虽顺天左旋，其所系辰象随之，稍迟则反移徙而右尔"①，由此可见，在宇宙形成的认知上，张载把宇宙天地看作是由太虚之气组成的运动系统，处在阴与阳两种力量有规律的运动中。这种天体运动观直接影响了朱熹对于宇宙形成的看法，他认为"横渠曰：'天左旋，处其中者顺之，少迟则反右矣'，此说最好"②，可以看出，朱熹反对日月五星右旋之说，很是认同张载的"地气乘机左旋"的观点。同样的，在生命观方面，朱熹也继承了张载生命观方面的相关思想，张载认为太虚之气分为阴阳，阴阳之气又生成天地，"游气纷扰，合而成质者，生人物之万殊"③，进而演化出万物与人的生命存在，朱熹认为"天地之间，只是此一气耳"④，生命的过程就是气的聚散变化的过程，生命中的现象是气的往来屈伸的运动，因而都是天理之自然，可以看出朱熹在建构生命观时也借鉴了张载的"聚亦吾体，散亦吾体"的气化的观点。

邵雍的自然哲学思想主要集中在宇宙观和生命观方面。在宇宙观上，他根据太极生两仪的模式，提出一分为二、二分为四、四分为八的二分法，来构筑宇宙生成的演化模式。邵雍认为宇宙之始是"太极"，"太极"是"一"，宇宙和万物的形成就是由一分而为二，太极化生阴阳，继而阴阳交错产生四象，四象又分为天之四象和地之四象，进而形成八卦乃至世间万物的过程，所以整个宇宙的形成就是经历了这样一分为二，二分为四，四分为八，由少至多，由一至万的分化过程。正是因为万物从根本上皆由太极化生而出，所以邵雍说："万物各有太极、两仪、四象、八卦之次，亦有古今之象"⑤，认为万物之中各有"太极"，就是万物本不出"太极"之外，邵雍的太极观体现他对于宇宙本原和宇宙形成的看法。在此基础之上，关于万物的形成则体现了他对于生命的看法，在《观物吟》篇中指出"一气才分，两仪已备。圆

① ［宋］张载著：《张载集·正蒙·参两篇》，中华书局，1978年版，第11页。

② ［宋］黎靖德编：《朱子语类》卷二，中华书局，1986年版，第13页。

③ ［宋］张载著：《张载集·正蒙·太和篇》，中华书局，1978年版，第9页。

④ ［宋］黎靖德编：《朱子语类》卷六十三，中华书局，1986年版，第1547页。

⑤ ［宋］邵雍著；卫绍生校注：《皇极经世书》卷十四《观物外篇》中州古籍出版社，2007年版，第522页。

者为天，方者为地。变化生成，动植类起，人在其间，最灵最贵”[①]，这是邵雍对于生命的基本看法，既包括了万物生命的产生之由来，也体现了人的生命乃是宇宙万物之中最为灵贵者，这种观点对朱熹的影响也是颇大的。总的来说，朱熹对于邵雍的自然思想的吸收，主要集中在宇宙观和生命观方面，尤其是邵雍关于宇宙生成演化思想对于朱熹的宇宙观影响颇大。

二程对朱熹影响主要体现在天理观上，认为“天者理也”，“理”是创造宇宙万物的精神本体，进而将“理”纳入宇宙观的范围。在二程看来，“理”是宇宙万物的“所以然”，理是第一性的，气或物是第二性的，认为“有理则有气”，而且在张载气化思想的基础上，认为气只是理化生万物的物质材料，气化过程实际上就是理的作用过程，生命的形成也是同样的过程，“万物之始，气化而已”[②]，而气是形而下的，道是形而上的，“往来屈伸只是理也”[③]。程颢提出“万物皆是一个天理”，本着万物一理的看法，他认为宇宙之间的生生之理就是生生之气，也就是所谓的“生生之谓易”。程颐将先秦儒家强调的爱人与博施济众的仁学思想，进而发展为“仁者以天地万物为一体”[④] 的看法，提出天之理就是天地生物之心。他认为“先儒皆以静为见天地之心，盖不知动之端乃天地之心也”[⑤]，认为阳动阴静、相因相生是天地运行，化生万物之道，而这阴阳动静，相因相长的端倪就是“天地之心”。二程对天地形成、万物生成的看法对朱熹有较大影响，特别是“天者理也”的观点，对于朱熹所认为的“理是宇宙本原”这一观点的形成有着直接的影响。此外，对于二程的“天地之心”的思想，朱熹作了进一步发挥，他将“天地之心”比作《易经》中的阴阳变化之道，以“元亨利贞”来作为宇宙万物产生、发展、变化的依据，认为“元亨利贞便是天地之心，而元为之长，故曰‘大哉

---

① ［宋］邵雍；郭彧整理：《邵雍集·伊川击壤集》卷十七《观物吟》，中华书局，2010 年版，第 453 页。

② ［宋］程颢、程颐著：《二程集》第四册《河南程氏粹言》卷二，中华书局，1981 年版，第 1263 页。

③ ［宋］程颢、程颐著：《二程集》第一册《河南程氏遗书》卷十五，中华书局，1981 年版，第 148 页。

④ ［宋］程颢、程颐著：《二程集》第四册《河南程氏粹言》卷一，中华书局，1981 年，第 1179 页。

⑤ ［宋］程颢、程颐著：《二程集》第三册《周易程氏传》卷二，中华书局，1981 年，第 819 页。

乾元，万物资始’，便是有此乾元，然后万物资之以始”①，主张从天地化生、兼容覆载万物的意义去看“仁”，以仁作为沟通天人的脉络，以此为基础形成朱熹独特的天人观，体现了他对于天人关系的理性思考。

总的来说，朱熹的自然观兼采众说，体现了对北宋五子自然思想的继承和综合并加以创新，他继承周敦颐的太极观，吸收张载的气化论，发展邵雍的太极论，结合二程的天理观，建立自己独具特色的自然观，以气来说明宇宙的生成，认为人与万物有共同的本原，提倡人应该发挥万物中“最灵者”的特点来爱惜万物，实现与自然的和谐共生。

第三节　朱熹自然观产生和形成的主观因素

朱熹自然观的产生和形成离不开其生活的时代因素和社会现实，先秦儒家的自然思想和北宋五子的自然哲学思想是朱熹自然观形成的理论渊源和学术背景，当然，朱熹生活的现实环境和其自身所具备的探究天人之际的热忱以及穷尽天地之理的理性精神，则是朱熹自然观产生和形成的主观因素。

一、朱熹的求学经历

朱熹生活的现实环境和求学经历体现出理学思想对其的熏陶。朱熹的求学经历主要指的是朱熹学习儒学的几个阶段，而对朱熹关于佛道思想的沉迷不纳入此。（朱熹出入佛老的经历和佛家道家对于朱熹思想的影响在后面第五章会详细探讨）朱熹对于儒家知识和理论的学习和研读可以分为三个阶段：一、十四岁前受教于其父朱松；二、十四岁始师从刘子翚、刘勉之和胡宪三先生；三、三十一岁时正式拜程颐的三传弟子李侗为师。当然这三个阶段并非截然分开，当刘子翚、刘勉之相继去世后，朱熹独事胡宪为师，其间同他师事李侗交叉重叠。可以说朱熹各个阶段的求学生涯直接和间接地影响、促进了朱熹自然观的产生和形成。

朱熹自幼天资聪颖，勤奋好学。朱熹的家学渊源“以儒名家”，他的父亲朱松是当时一位儒家学者，深受二程理学的熏陶，因而他对朱熹的启蒙教育

---

① 朱杰人、严佐之、刘永翔主编：《朱子全书》第二十二册《晦庵先生朱文公文集》卷四十《答何叔京》，上海古籍出版社；安徽教育出版社，2002 年版，第 1829 页。

就是典型的儒家启蒙教育。朱熹自五岁时入学开蒙，就在父亲的教育下学习儒家经典，他曾说："河南二程先生独得孟子以来不传之学于遗经，……熹年十三四时，受其说于先君，未通大义而先君弃诸孤"①。由此可见，朱熹最初接触二程理学正是通过父亲的教导。朱松亲自教授朱熹学习《四书》等儒家经典，范围甚广，朱熹后来曾经回忆"熹旧时亦要无所不学。禅、道、文章、楚辞、诗、兵法，事事要学"②，可见正是这"无所不学"的学习为朱熹打下了广泛的学术基础，理学渊源深厚的生活环境与朱松严格的儒家教育，使朱熹受到了传统儒家的启蒙教育和二程理学的熏陶。

绍兴十三年（1143）三月，朱松离世。之前将十四岁的朱熹托付给好友刘子羽，并修书给道学密友胡宪、刘勉之和刘子翚，把朱熹托付给他们教育。朱松在病榻上对朱熹说："籍溪胡原仲、白水刘致中、屏山刘彦冲，此三人者，吾友也。其学皆有渊源，吾所敬畏。吾即死，汝往父事之，而惟其言之听，则吾死不恨矣。"③ 自此，朱熹拜当地名儒刘子翚、刘勉之和胡宪为师，在刘氏家塾中学习，受到了更为正规和更加全面的儒家教育。朱熹受教于武夷三先生主要是研习儒家经典，接受三先生的经学和理学思想，虽然三先生主要都是推崇程学，但是他们的理学思想师承各异，因而他们的思想精粗纯杂，纷然并呈，这也为朱熹后来兼收并蓄各家所长，建立集大成的理学体系奠定了丰厚的思想基础。武夷三先生是程门理学家，注重用二程及其门人的著作来教育朱熹，五经四书皆有传授，朱熹在其父启蒙教育的基础上，在三先生的悉心教导下，更是勤奋学习，进而有所得，有所悟，进步颇大。朱熹曾说："某年十七八时，读《中庸》《大学》，每早起须诵十遍"④，可见，在三先生的指导下，朱熹的学习异常刻苦，学习范围也相当广泛。而三先生对朱熹也是悉心教诲，进一步激发朱熹对二程理学的兴趣，例如，朱熹最初研究二程的"格物说"，便是始于此时读《大学》。三先生中的刘子翚字彦冲，人称屏山先生，是当时有名的理学家，他注重研究道统传授，他对朱熹的影

---

① 朱杰人、严佐之、刘永翔主编：《朱子全书》第二十四册《晦庵先生朱文公文集》卷七十五《论语要义目录序》，上海古籍出版社；安徽教育出版社，2002 年版，第 3613 页。

② ［清］黄宗羲著：《宋元学案》卷四十八《晦庵学案上》，中华书局，1986 年版，第 1543 页。

③ 朱杰人、严佐之、刘永翔主编：《朱子全书》第二十四册《晦庵先生朱文公文集》卷九十《屏山刘子羽墓表》，上海古籍出版社；安徽教育出版社，2002 年版，第 4167—4168 页。

④ ［宋］黎靖德编：《朱子语类》卷十六，中华书局，1986 年版，第 319 页。

响主要是把他的融合儒佛老三道的思想传授给朱熹，为以后朱熹思想实现儒佛道三者合一埋下了契机；刘勉之字致中，人称白水先生，他最早向朱熹教授了张载的《西铭》，传授了张载的思想，朱熹后来屡屡提到的“仁者浑然与物同体”的看法，不难看出《西铭》对其的重要影响；胡宪字原仲，人称籍溪先生，他很是精通《礼》学，对朱熹的影响主要是将其礼学之感悟悉心传授与朱熹，胡宪对于朱熹思想的形成同样具有不可忽视的重要意义。师从武夷三先生期间，朱熹泛览群书，涉猎颇广，刻苦研习儒家经典和理学著作，为其后来思想体系的形成打下了坚实的基础，师从三先生对朱熹以后的学术思想发展具有深远影响。

李侗对朱熹的影响则远在其正式拜师之前。绍兴二十三年（1153），朱熹二十四岁时，将要赴同安主簿前，拜见程颐的三传弟子延平先生李侗，由此奠定了他后来批佛归儒的基础。其后，朱熹在三十一岁正式拜李侗为师，始知释氏与老氏之学说为非，从此回归儒家专心儒学，终至学有所成。李侗的老师罗从彦，罗从彦的老师是杨时，而杨时是程颐的得意弟子，故而李侗所学是正宗的二程理学。朱熹师从李侗之后，就潜心研读理学，不久就成为李侗的得意门生。李侗就曾经高度赞扬朱熹不仅天资聪颖，学识基础很深厚，而且求学态度极为认真，学习之刻苦是其他学生所不具备的，认为朱熹不仅“进学甚力”而且“乐善畏义”。事实上，朱熹不仅亲身验证了李侗对他的评价，而且在李侗的指导下，全面掌握二程理学，并且最终集理学之大成，不仅自身成为宋代理学的最高代表，而且将二程之理学进一步发展，建立了自己内涵丰富、体系完备的思想体系。

朱熹自小学习儒家经典，师从刘子翚、刘勉之和胡宪后，受到他们的悉心教诲，到拜师李侗，朱熹潜心研读二程理学，终有所成。朱熹的自然观就是在这不断地学习之中，不断探索和研思宇宙、生命和天人关系的过程之中而形成的。处于求学的不同阶段，朱熹的思想具有不同的倾向和侧重点，或以传统儒家思想为主，或以二程之理学为主。在师从李侗之前，朱熹有数年时间沉迷于佛老之说，此间，在思想上亦有所得。这些都是朱熹自然观不可或缺的因素，没有最初熟练掌握儒家经典的扎实基础，就不可能在其后的学习中学有所得；没有出入于佛老的岁月就不会以开拓的视野，吸收佛道之所长，学有所悟；当然，没有最终回归儒学本身，则不可能有朱熹集理学之大成；当然，也不可能会以儒者的立场，综合儒佛道之学，形成自然观。

二、探究天人之际的热忱

朱熹之所以能形成其独特的自然观，其中最重要的原因就是他本身所具有的试图探究天人之际的热忱以及由此产生的“穷尽天地之理”的理性精神。

朱熹自幼天资聪颖过人，勤思善问。在五岁的时候，朱熹的父亲朱松指着天告诉他这是“天”，朱熹则问道：“天之上何物?”[①] 朱松很是惊讶，因为在常人看来，四五岁的小孩还是懵懂无知的时候，一般只是会被动地接受大人所传授的知识，尚不完全具备主动求知的能力，而此时，朱熹就已经会主动思考，可见得自小便具有主动学习的精神。朱熹自己也说过：“某自五六岁，便烦恼道：‘天地四边之外，是什么物事?’见人说四方无边，某思量也须有个尽处。如这壁相似，壁后也须有个什么物事。其时思量得几乎成病。”[②] 可以看出朱熹对于“天上有何物?”的追问，不仅仅只是好奇，而且他还努力地思考过，甚至“思量得几乎成病”，这就与一般孩童仅仅是好奇而有所不同。这种追问与探索既体现了朱熹在哲学思辨方面的内在禀赋，也反映了他自幼就具有的渴望探究天人之际的热忱，虽然说朱熹自五岁之时便开始追寻“天地四边之外是什么物事”的宇宙课题有拔高溢美之嫌，但至少可以说明早在幼年之时，朱熹就对宇宙自然已然产生了探究的兴趣。

朱熹不仅具备积极探究天人之际的热忱，还具有学为圣人的大志向，认为“凡人须以圣人为己任”来“穷尽天地之理”。朱熹后来回忆说：“某十数岁时读《孟子》言‘圣人与我同类者’，喜不可言”[③]，就是说，在他十多岁时，因为看到孟子所说的“圣人与我同类”，就无限欢喜，这种欢喜是因为觉得圣人既然与我同类，那么圣人可为，“我”是可以成为圣人的，而产生的精神上的向往。由此，因为尊崇圣贤，继而觉得圣人可为，所以他自幼时立下学做圣人的志向。立下了“学为圣贤”的志向后，将“圣人”作为自己追求的理想人格，朱熹为之而不懈努力，具体方法就是“学为圣人”，他读书广博，学问涉猎范围非常广泛，在读书学习时还勤思善问，积极思考。朱熹年轻时读书的范围十分广博，对先儒的典籍乃至诸子百家、佛家、道家、兵书、

① ［清］王懋竑著，何忠礼点校：《朱熹年谱》卷一，中华书局，1998 年版，第 2 页。

② ［宋］黎靖德编：《朱子语类》卷九十四，中华书局，1986 年版，第 2377 页。

③ ［宋］黎靖德编：《朱子语类》卷一百零四，中华书局，1986 年版，第 2611 页。

史书无不涉猎，甚至如《梦溪笔谈》等着重科技知识的书籍也相当熟知，还吸取了许多自然科学知识。朱熹的读书并不是读死书，而是在读书的过程中积极思考，有所感悟并加以发挥，例如他在八岁读《孝经》时，不仅能理解其中的意思，而且在书上题字“不若是，非人也”来勉励自己，可见广博的读书不仅开拓了他的视野，增加了他的知识，而且也巩固了他“以圣人为己任”的志向。后来，朱熹在教育弟子时就说过“凡人须以圣贤为己任”，所以“学者大要立志，才学，便要做圣人是也”[①]，求学的目标便是要学为圣贤，做圣贤，朱熹眼中的圣人指的是“继天地之志”，“赞天地之化育”，循理而行实现人与自然和谐之境地的榜样，故而要做这样的圣人就必须上知天文，下知地理。在现实中，朱熹便是以此来要求自己的，所以他提出要以“格物”来穷尽天地之理，具有积极探索自然的科学理性精神。

总之，朱熹是一位学识广博、勤学善思的哲学家。他不仅天资聪颖，勤奋好学，而且勤思善问，就其自身而言，正是他这种积极探究天人之际，追寻宇宙之原的精神促使其认真观察，努力思考，积极实践，并学有所得，行有所悟，最终形成内容丰富、思辨严密的自然观。

总的看来，朱熹所生活的时代是其哲学思想的产生和形成的现实因素，先秦儒家的自然思想和北宋先贤的自然哲学思想是朱熹自然观形成的理论渊源和学术背景，而其自身对于宇宙、生命以及天人关系的探究的热忱，和希望“穷尽天下之理”的理性精神是朱熹的自然观形成的主观因素，这些促使其自然观最终形成。朱熹的自然观不仅体现了他对于自然的思考和对于科学的探索，给予后人以勇于探索自然的启示，而且朱熹自然观的最终归宿以思辨的形式来探究天人之根本问题，将人和自然二者相结合，沟通天人，以自然的天道来说明社会伦理与人生的价值意义。

① ［宋］黎靖德编：《朱子语类》卷八，中华书局，1986 年版，第 134 页。

第二章　朱熹自然观之宇宙观

朱熹自然观的具体内容包括：宇宙观、生命观和天人观。宇宙观在自然观中占有重要的地位，是生命观和天人观的理论基础。“宇宙”指的是“四方上下曰宇，古往今来曰宙”①，故而宇宙是个时间和空间的统一体。宇宙观指的是对于宇宙天地的生成、发展等问题的认识，探讨了宇宙万物、自然界的存在和发展的问题。朱熹的宇宙观是他对于宇宙的本原、宇宙的生成、宇宙的结构和宇宙的运动等方面的思考与探究。

第一节　宇宙的本原

本原是指构成世界万物的始基、根源或元素。朱熹认为宇宙的本原是理，理是天地万物之原，在论述宇宙的本原时，为了更好地说明作为宇宙本原的“理”与内具于万物之中的“理”的区别，他提出了“太极是理之极致”的观点，认为“太极为万物之根”，进而分析宇宙的本原是“太极”的观点。

一、理是万物之一原

理在朱熹的哲学体系中，是一个多层次的范畴。作为宇宙的本原，理是天地万物之原，它“无形体”“无方所”“无情意”“无造作”，是个超越的存在，并不是实有的一物。理是宇宙万物的本原，认为“宇宙之间一理而已”，理是宇宙万物的唯一本原和共同本质，主要体现在理与天地的关系，理与万物的关系和理与气的关系三个方面。

---

① ［宋］黎靖德编：《朱子语类》卷九十四，中华书局，1986年版，第2370页。

首先，理是宇宙万物的由来及其存在的根据。关于理与天地的关系，朱熹说："未有天地之先，毕竟也只是理。有此理，便有此天地；若无此理，便亦无天地，无人无物，都无该载了"①。就是说理存在于天地之先，有了理便有了天地，如果没有理便没有天地，没有人没有物，因而理是宇宙万物存在的共同本原，是凌驾于宇宙间一切事与物之上的最高法则和精神实体。对于宇宙天地而言，理是宇宙万物的"所以然者"，是宇宙得以存在的依据，所以朱熹认为"宇宙之间，一理而已，天得之而为天，地得之而为地，而凡生于天地之间者，又各得之以为性"②。可见理是宇宙存在的基本依据，而且，作为天地本原的理是永恒的，它不仅先于宇宙天地而存在，而且是产生天地万物的本原，所以"万一山河大地都陷了，毕竟理却只在这里"③，指出"理"作为宇宙本原存在所具有的永恒性和绝对性。

其次，理是宇宙的根本法则和根本规律。本原之理也体现在有生之物上，包括人与禽兽草木在内的生命存在，也与天地宇宙一样源于共同的所以然之理，就是朱熹曾说的："熹窃谓天地生物，本乎一源，人与禽兽、草木之生，莫不具有此理。"④ 宇宙万物无论是有生命还是无生命的存在，其产生的最终之本原都是理。所以，没有本原之理便没有宇宙万事万物的产生，也没有这个物能成之为此物的内在规定性，理体现了宇宙万物的规定性，既是宇宙天地的本原，也是本质。体现在理与万物的关系中，朱熹的观点是认为理是万物产生和存在的根本，体现为内在于物的规律性。朱熹所谓的"物"指的是天地万物，他说"凡有声色貌象而盈于天地之间者，皆物也"⑤，就是说宇宙之间的一切存在都是物，也有指"事"或"事物"的意思，他说"物，犹事也"，"物，谓事物也"，朱熹的"物"或"事"，便是包含了一切自然现象和社会现象，也是存在于宇宙之中，就是说理是宇宙万物产生的形而上的本原，

---

① ［宋］黎靖德编：《朱子语类》卷一，中华书局，1986 年版，第 1 页。

② 朱杰人、严佐之、刘永翔主编：《朱子全书》第二十三册《晦庵先生朱文公文集》卷七十《谈大纪》，上海古籍出版社；安徽教育出版社，2002 年版，第 3376 页。

③ ［宋］黎靖德编：《朱子语类》卷一，中华书局，1986 年版，第 4 页。

④ 朱杰人、严佐之、刘永翔主编：《朱子全书》第十三册《延平答问》，上海古籍出版社；安徽教育出版社，2002 年版，第 335 页。

⑤ 朱杰人、严佐之、刘永翔主编：《朱子全书》第六册《四书或问·大学或问》，上海古籍出版社；安徽教育出版社，2002 年版，第 526 页。

宇宙万物的形成就是“有理，便有气流行，发育万物”①。理作为宇宙的根本法则、根本规律体现于物上就是事物的所当然之则，所以朱熹说：“天下万物所当然之则，便是理。”② 这种所当然之则就是所以然之理在具体事物上的体现，指的就是事物应然状态，就是本应当如此的意思，指的是宇宙间万事万物所固有的规律性。

最后，关于理与气的关系。朱熹认为本原上是理先气后，而存在状态上是理气相依。理是形而上的范畴，是宇宙的本原；气是形而下的范畴，是形成万物的物质性根源。他说：“理也者，形而上之道也，生物之本也；气也者，形而下之器也，生物之具也。”③ 认为理是生物之根本，而气是生物的质素与材料。在本原上来说，是“有理然后有气”的，是理先气后，而且“气是理之所生”，认为气是由理生出来的，这是从理为天地的本原上来说的。但是气生出来后，就现实的宇宙万物而言，理与气是不相离的，“天下未有无理之气，亦未有无气之理”④，就是说在现实之物上，理与气是不可分离的。朱熹认为宇宙的形成就是因为“盖气则能凝结造作，理却无情意，无计度，无造作。只此气凝聚处，理便在其中”⑤，就是说本原之理产生宇宙万物，是依附于气上，依靠有形之气的运动变化来产生宇宙天地万事万物，理是无形无质的形而上的存在，故而，他强调若没有了气的存在，那么理就会“无所依着”，就失去了存在的着落处，也就是说，在具体的产生万物的过程中，理不能离开气单独存在，因为没有气，理无所依托，所以，理只能附着于气。宇宙天地万事万物都是由理气两方面结合而成，理借助气化生万物，因而，理作为本原就是“有理，便有气流行，发育万物”。理与气的关系看起来比较复杂，简而言之，在朱熹的宇宙观中，就理是本原来说，理先于气存在，故而理能生气；而就宇宙产生，万物化生的具体过程而言，理与气是不可须臾相分离的。就是说，本原之理是存在于气之先，存在于天地之先，正是由于本原之理所以能产生气，产生天地万物。

宇宙天地的本原是理，理先气后进而化生万物，“理”是宇宙万物的最高

---

① ［宋］黎靖德编：《朱子语类》卷一，中华书局，1986 年版，第 1 页。

② ［宋］黎靖德编：《朱子语类》卷一百一十七，中华书局，1986 年版，第 2825 页。

③ 朱杰人、严佐之、刘永翔主编：《朱子全书》第二十三册《晦庵先生朱文公文集》卷五十八《答黄道夫》，上海古籍出版社；安徽教育出版社，2002 年版，第 2755 页。

④ ［宋］黎靖德编：《朱子语类》卷一，中华书局，1986 年版，第 2 页。

⑤ ［宋］黎靖德编：《朱子语类》卷一，中华书局，1986 年版，第 3 页。

本原，是天地万物产生的最终来源和形成的根本依据。

二、太极是理之极致

理是宇宙的本原，为了更好地说明作为宇宙本原之理的特点，突出理作为本原的终极意义，朱熹提出了“太极是理之极致”的观点，认为“所谓太极乃天地万物本然之理，亘古亘今，颠扑不破者也”①。把“太极”作为宇宙永恒的本原，总天地之理，为了阐述根源之理，发展了太极的观念。朱熹的“太极”实质上是理，只是名字叫太极而已。

首先，朱熹以“太极”来命名这个总理之理。朱熹认为理是宇宙天地的根本，而理的存在是有层次的，因而在众理之上还有一个总理之理，这就是产生万物的终极根源，为了使这个总的理区别于众理，朱熹就名之为“太极”。什么是太极？在朱熹的哲学思想中，“太极”是个极其重要的概念，“太极”一词源于《系辞》，“易有太极，是生两仪。两仪生四象。四象生八卦。八卦定吉凶。吉凶生大业”②。此处之“太极”指的是天地未分之前的原始状态。朱熹认为太极的“极”字有“至极”的意思，而“太极之义，正谓理之极致耳”③，所以可以以“太极”来说明解释理之极致的意涵，强调此理是理之至极，因而太极指的就是理之极致，是综括天地之理，是宇宙天地终极之根本。进而，朱熹认为太极就是指“天地万物之根”，就是说太极是宇宙万物的终极之理，是“总天地万物之理”④。在朱熹看来，宇宙天地，万事万物都源于理，遵循同一个理，依据于此理而成为自己而非其他，而这个宇宙天地万事万物所源于的共同之理的名字就是“太极”，因此，太极指的就是天地万物的最高原则，故而由此看来，朱熹所说的：“太极”就是理之极致的指称，是宇宙万物的产生和存在的终极依据。

其次，虽然朱熹说“太极即理”，但是太极与理还是存在差异的。太极指的是总体之理，而理则有一理和万理，包括范围很广。正如朱熹所说，太极

---

① 朱杰人、严佐之、刘永翔主编：《朱子全书》第二十一册《晦庵先生朱文公文集》卷三十六《答陆子静》，上海古籍出版社；安徽教育出版社，2002年版，第1574页。

② 周振甫译注：《周易译注》，中华书局，1991年版，第247页。

③ 朱杰人、严佐之、刘永翔主编：《朱子全书》第二十一册《晦庵先生朱文公文集》卷三十七《答程可久》，上海古籍出版社；安徽教育出版社，2002年版，第1642页。

④ ［宋］黎靖德编：《朱子语类》卷九十四，中华书局，1986年版，第2375页。

是“总天地万物之理”，也就是说，太极主要侧重于从宇宙论的范畴，来说明太极是天地本原，是宇宙万化之根本，但是并不侧重于阐发事物规律之义。在说明太极是至极之理的问题上，朱熹是这样说的“太极者，如屋之有极，天之有极，到这里更没去处，理之极至者也。”① 此处以屋极为喻说明太极是理的极致，是宇宙最终的本原，是事物存在的终极根据。可以说，太极就是理，但是理未必就是太极。从内涵上来说，太极从属于理的范畴，指称的是极致之理；从形式上来说，太极是理的最高形式，是天地万物的终极本原。作为宇宙天地终极之本原，太极主要说明宇宙天地间总体之理，理则既是指称理之全体，又指称个体之理，具有各自殊异的特点。此外，理与太极还具有细微差别，两者对应的范围不同，太极主要是相对于阴阳而言，理相对于气而言，各自的侧重点并不相同。毕竟，太极与理的差异是极小的，所以在朱熹论述中，很多地方二者的差异并不明显，例如他说：“太极只是天地万物之理。在天地言，则天地中有太极；在万物言，则万物中各有太极。”② 就是说，宇宙天地之理就是太极，太极之理存在于宇宙天地，自然万物之中。

最后，朱熹虽然承认太极与理存在细小差别，但是太极与理的关系是相当密切的。朱熹认为太极“若果无形而但有理，则无极即是无形，太极即是有理明矣。”③ 也就是说，就存在的形式而言，太极是无形的，理也是无形的，这一点二者是相同的，太极与理都是精神本体，都是无形的存在。太极与理的关系可以归纳为一与多的关系，朱熹认为理是有不同的层次的，因为宇宙之间万事万物各有其理，故而理也有许多，但是宇宙天地之理综括为一理，此理就是太极。朱熹多次强调“总天地万物之理”就是太极，所以，太极是万理的总体之名，是理之极致，是总天地万物之理。就其内涵而言，太极之理侧重于指理的普遍性，而万事万物各有理之理，则是指理的特殊性。在理与气的关系上，理和气不可分，同样太极也是如此，太极不离阴阳，朱熹认为太极和理就是理在不同层次上的不同表述形式。所以就本质而言，太极就是“只是一个理而已。因其极至，故名曰太极”④。

① ［宋］黎靖德编：《朱子语类》卷九十四，中华书局，1986 年版，第 2374 页。

② ［宋］黎靖德编：《朱子语类》卷一，中华书局，1986 年版，第 1 页。

③ 朱杰人、严佐之、刘永翔主编：《朱子全书》第二十一册《晦庵先生朱文公文集》卷三十六《答陆子美》，上海古籍出版社；安徽教育出版社，2002 年版，第 1562 页。

④ ［宋］黎靖德编：《朱子语类》卷九十四，中华书局，1986 年版，第 2371 页。

朱熹关于太极的观点体现了对于周敦颐的“太极论”和二程“天理观”思想的借鉴与融合，认为理是宇宙万物的本原，他创造性地提出太极是总天地万物之理，较有新意。

第二节　宇宙的生成

在宇宙本原是理的基础上，朱熹认为宇宙生成可以概括为“气化”论。宇宙的生成就是指宇宙的产生、形成和演化的过程。这是一个动态的过程，朱熹认为理是万物生成的根据或本原，是“生物之本”，气是万物生成的质料，是“生物之具”，气是宇宙万物的物质性根源，是形成物的素材，气的运动变化构成了丰富多彩的世界。

一、气是生物之具

朱熹在宇宙本原论中，提出理是宇宙的本原，宇宙自然之理均源于作为天地本根的太极之理，太极是宇宙的本原，具有生生之理，是宇宙万物生成的依据。朱熹说：“太极如一木生上，分而为枝干，又分而生花生叶，生生不穷。到得成果子，里面又有生生不穷之理。”① 就是说，宇宙万物俱是由太极之理中产生出来，然而这并非是说“太极”本身可以化生万物，因为作为理的“太极”是没有形体的精神本体，所以也就不能直接生出有形质的宇宙万物，故而，在理和物之间这就需要一个能够形成物的物质性根源，就是朱熹所说的“气”。气在朱熹的宇宙生成论中具有重要的作用，气既是理之所依，又是可以形成物的素材。理与气的区别就是理是形而上的，无形无质的存在，而气是形而下的，是有形有体的存在，虽是眼睛不能看到的气状物，但它确是“生物的材料”，能通过酝酿、凝聚等运动产生宇宙万物。

朱熹认为“气”不仅是形成宇宙万物的物质性根源，而且气是构成万物的材料。首先，就生成论而言，气具有物质性根源之意，不论是对宇宙天地还是对万物来言，气就像种子一样，是造化之根本，是宇宙万物形成的质料，“天地间人物草木禽兽，其生也，莫不有种，定不会无种子白地生出一个物

① ［宋］黎靖德编：《朱子语类》卷七十五，中华书局，1986 年版，第 1931 页。

事，这个都是气。”① 朱熹认为气就像种子一样，是化生出宇宙天地的基础，气是化生宇宙万物、发育生长宇宙万物的根源。

其次，气是形成宇宙万物的素材，朱熹说形而下的气是“生物之具也”。在本原论上朱熹提出理是宇宙万物的本原，而在理化生宇宙万物的具体生成过程中，理与万物之间必须加上气的运动，因为有形之气才能形成有形之物，气能凝聚造作运动，“盖气则能凝结造作，理却无情意，无计度，无造作”。理是形而上的存在，所以不能有此现实的运动，因而具体的宇宙万物必须是本原是理而又形成于气，理与气是宇宙万物形成的两者不可缺一的因素。

最后，气能酝酿凝聚生物正是缘于太极之理。气化生万物是通过酝酿和凝聚等方式来生成宇宙天地，而使得气得以运动变化的原因，正是源于太极之妙。太极“动而生阳，静而生阴”，这里的“生”字便体现出太极之理来，正是因为太极之理，才会有阴阳动静之事，而动静之理本就是太极本身所固有，因而称之为“太极之妙”。朱熹在《太极图说解》说道：“太极者，本然之妙也；动静者，所乘之机也。”② 认为气之所以有动静的变化就是因为太极蕴含的动静之理，这个动静之理就是阳动而阴静，而阳动阴静就是气的运动变化的原理。作为物质性根源的“气”化生万物的过程，就是“一元之气”依据太极的动静之理体现为阴气和阳气，太极有动静之理，所以气就可以动而生阳，静而生阴。而同时，动静之理又存在于阳动阴静的气化本身之中，正因为有此动静之理所以才产生气的阴阳运动来，太极之妙就体现于阴、阳二气的相互运动和流行不已的作用中，故而宇宙万物得以化生，这就是理在气化生万物过程的体现。所以虽然说是阴阳二气的运动产生宇宙万物，但实质上是本原之理的作用，朱熹是这样解释的，“理不可见，因阴阳而后知。理搭在阴阳上，如人跨马相似”③。此处以人骑马为喻，认为理就像马上的人一样，气就像马一样，骑马之人实质上没有走路，实质上走路的是马，但是人驾驭马走路的，人是马的主宰者。同样的道理，太极本身并不能进行时空范畴内的实际运动，实际运动的是气，所以太极之理是在阴阳之气运动过程中显现出来的，而气能形成宇宙万物则是遵循太极之“理”的结果。

---

① ［宋］黎靖德编：《朱子语类》卷一，中华书局，1986 年版，第 3 页。

② 朱杰人、严佐之、刘永翔主编：《朱子全书》第十三册《太极图说解》，上海古籍出版社；安徽教育出版社，2002 年版，第 72 页。

③ ［宋］黎靖德编：《朱子语类》卷九十四，中华书局，1986 年版，第 2374 页。

朱熹的宇宙生成论认为气是生物之具，既是万物形成的物质要素，又是宇宙生成的材料和质素，可以说，气是本原之理与宇宙万物之间的介质。

二、阴阳五行是生物之质

朱熹认为气是化生宇宙万物的物质性根源，是形成万物的材料，气在天地之间，可以分为阴阳，进而生五行以化生万物。

依据太极的动静之理，气可以以运动体现为阴气和阳气。“天地之间，一气而已，分而为二则为阴阳”①，就是说天地宇宙中的气本源上是共同的，只是气源自太极的动静之理而化为阴之气和阳之气。阴阳指的都是气，朱熹认为“阴阳只是个形而下者”，指的就是气，而且，阴阳二气的产生是由一元之气的运动形成的，“二气之分，实一气之运”②，所以说，阴阳就是气的两个方面。气虽然分为阴气和阳气，但并不是截然断开的两个物事，而是一元之气的两个方面，而且是相互对立，此消彼长的两个方面。阴阳二气既是一气所生，不仅呈现出相互对立的局面，而且阴之气与阳之气的关系相当紧密，也相当复杂。首先，体现为阴阳二气相互联系，“自是不可相无”，就是说阴阳二气相互依存。其次，阴阳二气相互斗争，就是说阴之气与阳之气“无日不相胜”，两者又总是处于斗争运动的状态中。最后，虽然说阴阳二气总处于矛盾斗争中，但阴阳二气并不能截然分作两段，实质上，“阴阳只是一气，阳之退，便是阴之生。不是阳退了，又别有个阴生”③，所以说阴阳二气是一气之两分，而具体就体现为互为消长，互为进退的对立。总之阴阳二气的运动是复杂的，也正因为如此，气才能产生宇宙天地万事万物来，朱熹因此称阴阳之气为“造化者”，认为“天道流行，发育万物，其所以为造化者，阴阳五行而已”④，就是说阴阳二气的运动变化就是生成天地的原因，而阴阳二气的运动进而生成了金木水火土这五行之质，气则向化生万物更进一步。

朱熹认为五行就是生物之质。所谓的“质”是相对于“气”而言，具有

---

① 朱杰人、严佐之、刘永翔主编：《朱子全书》第一册《易学启蒙》，上海古籍出版社；安徽教育出版社，2002 年版，第 212 页。

② ［宋］黎靖德编：《朱子语类》卷六十三，中华书局，1986 年版，第 1549 页。

③ ［宋］黎靖德编：《朱子语类》卷六十五，中华书局，1986 年版，第 1602 页。

④ 朱杰人、严佐之、刘永翔主编：《朱子全书》第六册《四书或问·大学或问》，上海古籍出版社；安徽教育出版社，2002 年版，第 507 页。

“性质”“质地”的含义，更加突出其物质属性。气有阴有阳，阴阳之气又进而生成五行，朱熹认为“阴阳五行为太极之体”，这里“体”字就突出了质地的意思，是形而下的存在，是可以为人所感知的，所以对于人来说，虽然形而上的“理”不可具体感知，但是可以以阴阳五行的运动变化来获悉无形之“理”，就是说“道之本然之体不可见，观此可见无体之体”①，因为太极之理是形而上的，并不可见，而阴阳之气的运动变化可以窥见太极的动静之理，所以他认为阴阳乃是太极之体。而阴阳是太极之体，所以进而生成更具物质性的五行，气有阴有阳，因其组合方法的不同而生成万物的差异，阴阳之气又进而生成木火土金水这五行，“阴阳气也，生此五行之质”②，而这木火土金水五行就是生物之质了。而且五行的产生也是有顺序的“大抵天地生物，先其轻清以及重浊”③。至此，朱熹认为理生万物的材料俱已齐备，就是“五行阴阳，七者滚合，便是生物底材料”④，阴阳之气和五行之质就是形成宇宙万物的素材。

宇宙万物的形成就是在这阴阳五行的基础上，在气的运动和变化中实现的。就是朱熹所说的“‘无极二五，妙合而凝’。凝只是此气结聚，自然生物”⑤。世间万物，不论是宇宙天地，还是自然界的生命体的形成都是阴阳二气妙合而成。二气妙合指的就是气的摩擦、碰撞、凝结的运动过程，就是阴阳二气的矛盾斗争的运动过程，朱熹认为“凡天下之事，一不能化，惟两而后能化”⑥，就是说事物的矛盾对立是产生运动的原因，气的运动也是如此，就是因为阴阳二气的对立斗争，产生气的运动变化，气的运动变化就产生万物。宇宙天地万物的产生，均是因为一元之气中阴阳两个对立面的矛盾斗争的运动而造成的，朱熹还举例加以说明，“一动一静，一晦一明，一往一来，一寒一暑，皆阴阳之所为，而非有为之者也”⑦。天地之间一切事物的形成是阴阳二气构成的，而天地之间一切事物的变化也都是阴阳二气的运动造成的。

① ［宋］黎靖德编：《朱子语类》卷三十六，中华书局，1986年版，第976页。

② ［宋］黎靖德编：《朱子语类》卷九十四，中华书局，1986年版，第2367页。

③ ［宋］黎靖德编：《朱子语类》卷九十四，中华书局，1986年版，第2382页。

④ ［宋］黎靖德编：《朱子语类》卷九十四，中华书局，1986年版，第2367-2368页。

⑤ ［宋］黎靖德编：《朱子语类》卷九十四，中华书局，1986年版，第2379页。

⑥ ［宋］黎靖德编：《朱子语类》卷九十八，中华书局，1986年版，第2512页。

⑦ 朱杰人、严佐之、刘永翔主编：《朱子全书》第十九册《楚辞集注》，上海古籍出版社；安徽教育出版社，2002年版，第65页。

气是万物形成的物质性根源，阴阳五行是构成万物的素材，而气化生万物的过程就是在不停地运动之中，用朱熹的话来说就是“二气交感，所以化生万物”。

三、气以成形

朱熹认为气是生物之具，阴阳二气的变化是宇宙自然形成的原因，将宇宙万物的形成同气相联系，以气的阴阳对立运动来揭示事物产生和变化的原因，是朱熹超越前人的见解。朱熹认为正是气的阴阳变化是宇宙生成和万物形成的动力，气以运动变化而造作万物，所以说气生万物的过程就是气运动的过程。

首先，气不停地运动着，宇宙万物就是产生于这运动的过程中。朱熹认为“一元之气，运转流通，略无停间，只是生出许多万物而已”①，就是说宇宙万物的生成是在气的运动中实现的。朱熹看到了万物的形成和运动的关系，认为事物的形成不是静止的，而是在气的运动变化中完成的，而且这种气的运动是高速的，用朱熹的话来讲就是“磨来磨去，磨得急了”，这个“急”正是突出了气的运动不是缓慢的，而是高速运行的。可以说，这是在张载的气化论的基础上，加以创新和发展，增添了类似于现代运动力学的因素，以运动来解释气如何具体化生万事万物，既强调正是在因为气的运动中，阴阳之气和会融合，化生万物，而且又突出了气化生万物的运动是极其高速的。

其次，朱熹认为气回旋翻动的运动生成以天地为首的天地间万物。阴阳二气互感而生出金木水火土五行之气，气的运动又促使五行又分化为气与质，“气行于天，而质具于地”，当天气地质形成后，万物造化发育之具就齐备了，就产生了天地万物。对于宇宙天地而言，由于气回旋翻动的运动，气之混淆者聚集在中央而成为地，气之清者向周围扩散而形成天，成为日月星辰继续运动。“这一个气运行，磨来磨去，磨得急了，便拶许多渣滓，里面无处出，便结成个地在中央。气之清者便为天，为日月，为星辰，只在外，常周环运转。”② 就是说宇宙形成之前，只有一元之气存在，进而由于气的运动，分为阴阳二气，阴阳二气不停地斗争变化，气中重浊的渣滓便凝结为大地，气中

① ［宋］黎靖德编：《朱子语类》卷一，中华书局，1986 年版，第 4 页。
② ［宋］黎靖德编：《朱子语类》卷一，中华书局，1986 年版，第 6 页。

轻清的精华便升浮成了天体，而为气之轻清者的日月星辰就在大地外周环运转。这是朱熹对宇宙的形成，天地、日月、星辰等形成做出的猜想，这是对宇宙生成的比较朴素直观的猜测，是对宇宙演化的极具科学价值的构想，在世界科学史上占有重要的地位。此外，朱熹认为宇宙万物都统一于物质之气，只是由于物质不同成分的运动组合才形成了宇宙万物差异的观点，还是具有相当的合理性。举例来说，对于世间万物而言，朱熹认为不管是人还是他物，“自一气而言之，则人物皆受是气而生”[①]，肯定宇宙万物在物质基础上的统一性，即使是非常理之怪异的形成，如“夔魍魉”“龙罔象”“怪羵羊”等也是因为气之杂糅乖戾所生成，就是说宇宙万物的形成都是源于气的运动变化。

最后，朱熹认为气的运动形成宇宙万物的统一性和差异性。宇宙万物在物质根源上都统一于气，只是因为阴阳五行的具体运动形成宇宙万物的差异，所以，宇宙万物之间既有统一性的方面，也存在差异性的方面。宇宙万物之间的差异性产生的原因就是气的运动。气使万物形成，二气五行的不同构成方式形成宇宙万物具有的多样性。就宇宙而言，天是气之清轻者，而地则是气之浊重者。就物与人而言，形成人的是气的精英，就是朱熹说的“得其气之精英者为人”[②]，形成物的是气中渣滓，所以物性昏塞，“昏塞尤甚者，于气之渣滓中又复禀得渣滓之甚者尔”[③]，就是说虽然人与物都是由气聚成形，然而两者却存在性质上的巨大差异，朱熹认为人与物的差异就是由于二气五行的变化，而致使人与物“禀气”的“正”与“偏”的不同而形成的，即是朱熹所说的“自精粗而言，则人得其气之正且通者，物得其气之偏且塞者”[④]，虽然说以“禀气”的正与偏来解释人与自然界其他生物的差异并不符合现代科学，但朱熹强调人和动植物都是“受是气而生”，世间万物生命的形成的基础就是物质之气，试图以此探究万物共同的物质基础，就体现了在差异中寻找统一的思维方式，也蕴含了一定合理的因素，同时在论及人类与自然界其他物种的区别时，他提出人之所以有别于其他动物，是因为人的“无不知，无不能”，强调人优于其他生物的特性，这种观点关注到人类所特有的主观能动性，具有浓厚的主体意识，这也是相当可贵的。

---

① ［宋］黎靖德编：《朱子语类》卷四，中华书局，1986 年版，第 65 页。
② ［宋］黎靖德编：《朱子语类》卷九十四，中华书局，1986 年版，第 2379 页。
③ ［宋］黎靖德编：《朱子语类》卷九十四，中华书局，1986 年版，第 2379 页。
④ ［宋］黎靖德编：《朱子语类》卷四，中华书局，1986 年版，第 65 页。

总的来说，朱熹认为气是宇宙万物形成的素材，气的运动变化构成了丰富多彩的世界，天地是气化所生，人与物也是气化的结果，因而自然界的一切现象无不是气的阴阳屈伸的结果。

第三节　宇宙的结构

宇宙的结构指的是对于天地的结合构造及其存在和表现形式的看法，探讨的是宇宙构造的式样和形式。简而言之，就是把宇宙作为一个整体，探讨我们所居住的大地在其中所处的位置，也就是天和地的关系。

中国古代关于宇宙结构的看法主要有以下三种：盖天说、宣夜说和浑天说。盖天说认为天是圆形的，像一把张开的大伞覆盖在大地之上，地就像一个方形的棋盘，而日月星辰等天体就像爬虫一样过往于天空之中。宣夜说认为宇宙是无限的存在，天地中充溢着气体，所有天体都漂浮运动于气体之中。浑天说的基本观点就是张衡所认为的“浑天如鸡子，天体如弹丸，地如鸡子中黄，孤居于内，天大而地小”①，以鸡子来比喻宇宙天地的关系。这三种对于宇宙结构的看法是比较有代表性的观点，其中对后人影响最为广泛的是浑天说。

朱熹关于宇宙的结构的看法比较赞同浑天说，其中对宣夜说也有所吸收，总体看来，朱熹认为宇宙间充满了气，悬浮在气中的地在天中，天地之间有许多日月星辰、山川草木、人物禽兽。

一、气之流行　充塞宇宙

朱熹在宇宙生成观中认为气是宇宙万物的物质性根源，是宇宙万物形成的素材。就宇宙的结构而言，气是宇宙的重要组成部分，气是实体性的存在，宇宙天地都充塞着这样用眼睛无法看到而确实存在的物质。

首先，气充斥于天地之间，气不仅是宇宙万物形成的质料，而且它弥漫宇宙，充满天地，无处不在。天与地本身就是气形成的，“天地之间，一气而已”，天是清刚之气形成的，地是重浊之气构成的。天与地都是气构成的，就气的存在形态而言，构成天地之气的都极为紧密，就是“天包着地，其气极

① 转引自石云里著：《中国古代科学技术史纲·天文卷》，辽宁教育出版社，1996年，第103页。

紧”，而天地中间众多人与物存在之处的气则稍微宽松，就是“中间气稍宽，所以容得许多品物”①，气在天地之间生命存在的地方的质地并不紧密，而较为宽松，所以说宇宙天地间气的存在状态是有差异的。由此也可以看出，天地之间的虚空并不是无物，而是充满了人无法看见的气，气无所不在，而周乎天地之间，气充斥宇宙之间，而且是个跨越时空的实际存在。

其次，无处不在的气是不停的运动的，正是气的运动形成宇宙的结构。气是客观存在的质料，是具有动态功能的客观实体，所以气可以作为运动变化的主体或承担者。朱熹认为天地的形成就是由于阴阳之气的运动，而且气的运动也是万事万物变化的原因，也是各种自然现象的成因，例如他认为热就是火之气，至于冷与热的不同正是因为气的运动方式有所不同而造成的，就像是人口中的气“嘘则为温，吸则为寒耳”②，因为气的运动方式的不同造成人类感觉上的“温”与“寒”的差异。虽然朱熹的这些观点在今天看来并不十分科学，但至少说明了他已经认识到气的运动形式的不同对于事物的差异性的影响。气的运动形成宇宙万物，而且气充斥于天地之间，而气存在于宇宙中的形质是有差异的，充满天地宇宙之间的气可以分为已成形之气和未成形之气，已成形之气就是人可以看见形质的存在，而无形之气就是无法看见形质的存在。朱熹认为张载所说的“虚空即气”，指的就是虚空处是气的未成形的状态，在天地之间，“减得一尺地，遂有一尺气，但人不见耳。此是未成形者”③，这种未成形的气是人无法看见的，所以误作为“虚空”，其实虚处并不空，只是此处气的形质未成，故而难以看见。而气成形的过程就是通过气的运动变化来实现的，通过“浮而上，降而下”的方式“则以成形者”，可见，正是气的运动变化促使气以成形，也因此有已成形之气和未成形之气的区别。

最后，正是因为有形和无形的区别造成宇宙之间气的存在状态亦有差异。朱熹看来气有劲与空、紧和宽的不同状态，并以此来说明宇宙天地间万物的具体存在状态。劲和空指的是气的存在状态的紧密与疏松，朱熹认为就整个宇宙而言，“天积气，上面劲，只中间空，为日月来往。地在天中，不甚大，

---

① ［宋］黎靖德编：《朱子语类》卷二，中华书局，1986 年版，第 18 页。

② ［宋］黎靖德编：《朱子语类》卷九十五，中华书局，1986 年版，第 2435 页。

③ ［宋］黎靖德编：《朱子语类》卷九十八，中华书局，1986 年版，第 2506 页。

四边空”[①]。就是说，形成天的清轻之气运动速度较快，故上升为天，形成地的重浊之气质地较为紧密，大地是气之质较为紧密处，而天地之间则是气较为疏松处。紧与宽指的是气的运动状态的急与缓，形成天地的气的运动极为迅疾，天地之间气的运动较为迟缓，“天包乎地，其气极紧。试登极高处验之，可见形气相催，紧束而成体。但中间气稍宽，所以容得许多品物，若一例如此气紧，则人与物皆消磨矣”[②]。如果人生存的地方，气的运动也如形成天地的气那样质地紧密，运动急速，那么人与物都将无法生存。

气的运动不仅是形成宇宙万物的原因，而且运动着的气作为组成成分充斥于天地之中，充满万事万物之间。

二、天与地

宇宙中充满了气，由于气的运动形成宇宙万物，同样也因为气的运动变化促进宇宙结构的形成，朱熹认为天地的结构就是“天以气而依地之形，地以形而附天之气”[③]，天与地相依相存。

天与地的关系基本上就是天包地，地在天中。朱熹的宇宙生成论认为天地的形成都是阴阳之气不断地运动摩擦的结果，天的形成是因为气之“轻刚者”上升为天，而地的形成是气之“重浊者”下降为地。所以，天与地都是气构成的，天是清轻之气，天无体，所以上升就为天，地是重浊之气，地有质，就处于天体之下，宇宙之中，地处在宇宙的中央，在日月星辰等天体之下。朱熹说：“地之四向底下却靠着那天。天包地。其气无不通。”[④] 天包地指的是地是宇宙中的一物，这是依据浑天如鸡子，地如鸡子黄的模式而来的，而宇宙中充满着气，大地处于宇宙中央则依稀可以看见宣夜说的影子。既然大地的四边是空的，那地为什么没有陷落于这空中呢？这是因为天之阳气的旋转维系着地不会陷坠，朱熹认为不断运动的气，由于极速运动而产生一种托举的力量，把地托起而使其不下坠。他托言岐伯，认为地有凭就是因为“大气举之”，进而详加解释，认为“地则气之渣滓聚成形质者，但以其束于

① ［宋］黎靖德编：《朱子语类》卷二，中华书局，1986 年版，第 17 页。
② ［宋］黎靖德编：《朱子语类》卷二，中华书局，1986 年版，第 18 页。
③ ［宋］黎靖德编：《朱子语类》卷一，中华书局，1986 年版，第 6 页。
④ ［宋］黎靖德编：《朱子语类》卷一，中华书局，1986 年版，第 6 页。

劲风旋转之中，故得以兀然浮空，甚久而不坠耳”[①]，就是认为气的高速运动产生一种力量，将大地托举于无形之气中，气的运转不歇产生一种支持的力量支撑大地在宇宙中存在。朱熹认为气的高速运动可以产生支撑力量的观点，蕴含着现代动力学的因素，具有一定的合理性。总的来说，天之于地的关系就是“天运不息，昼夜辗转，故地榷在中间。使天有一息之停，则地须陷下”[②]。天与地之间相互影响，互为依存。

宇宙天地并非混沌的存在，而是有层次的。关于天的层次，朱熹认为天有九重，他说：“其曰九重，则自地之外，气之旋转益远益大，益清益刚。究阳之数而至于九，则极清极刚，而无复有涯矣。”[③] 他认为《楚辞》中所说的天有“九重”，指的就是天有九个层次，而形成九重天的原因就是天为清刚之气，随着气的运动，气的清刚程度越来越高，而至于无复有涯，指的就是气的极清极刚的程度，用至阳之数“九”来表示，所以说天有九重。可以看出，朱熹认为气的运动是划分天的层次的依据，他说：“盖天运行有许多重数，里面重数较软，至外面则渐硬。想到第九重，只成硬壳相似，那里转得又愈紧矣。”[④] 这里的“重”指的就是天的层次，所谓九天指的就是天的层次有九重，离大地愈近，气的运动便愈加松宽，这是为了使大地上的生物能得以生存的必然。离大地愈远，越往高处，气的运动愈加劲紧，直至第九重，便坚似硬壳。九重天正是因为气的运动变化而形成的，正是因为气在宇宙之间运行的速度不同，故而由气运动而形成的刚风程度也不尽相同，因此，形成天具有多重的层次。

至于天与地的具体形状，朱熹大致认为天是圆的，地是平的。虽然朱熹认为天无确切之形体，但是他同时为了说明天与地的关系，还是将天的形状大致比作为“但天之形圆如弹丸，朝夜运转”[⑤]，就是说整个宇宙空间圆如弹丸，并且是在不停歇地运动着的。关于地的形状，朱熹认为地是平的，而且

① 朱杰人、严佐之、刘永翔主编：《朱子全书》第十九册《楚辞集注》，上海古籍出版社；安徽教育出版社，2002 年版，第 66 页。

② ［宋］黎靖德编：《朱子语类》卷一，中华书局，1986 年版，第 6 页。

③ 朱杰人、严佐之、刘永翔主编：《朱子全书》第十九册《楚辞集注》，上海古籍出版社；安徽教育出版社，2002 年版，第 66 页。

④ ［宋］黎靖德编：《朱子语类》卷二，中华书局，1986 年版，第 23 页。

⑤ 朱杰人、严佐之、刘永翔主编：《朱子全书》第十九册《楚辞集注》，上海古籍出版社；安徽教育出版社，2002 年版，第 66 页。

地是有“绝处”，就是说地有尽头，“角尖”指的就是大地的边缘之处，而且此处晓夜不分，常常彻夜光明，这是因为“此是地之角尖处。日入地下，而此处无所遮蔽，故常光明”①。就是说在地的尽头就是日落之处，因为太阳至此落下而无所遮挡，所以此处彻夜光明。由此不仅可以看出，朱熹认为地有尽头，而且基本也能看出朱熹认为地的形状是方的，因为在他看来，地是有“角尖处”的，如若不是方形，何来“角尖处”？当然，在今日看来，朱熹所说的地之角尖处常光明的现象，实际上指的应当是地球上某些地方的极昼现象，而朱熹认为是因为此处是大地尽头日落之处，故而太阳无所遮挡而常常光明，很明显这种解释只是猜测，在当时的科技背景下，人们并不能知道地球是圆的，所以导致出现这样的错误。然而，尽管如此，朱熹能够注意到这样的现象并试图加以解释，体现了他对于自然的观察细致入微和勇于探索实践的科学精神，这是值得充分肯定的。

三、天地之间

朱熹认为宇宙天地充塞着气，气的运动形成天与地，天地中间是气，阴阳二气的运动形成日月、星辰等天体运动往来高悬于大地之上。

宇宙间充斥着虚空之气，而并非无物，在这充溢虚空之气的天地间存在日月星辰、山川草木和人物禽兽等等。首先，天地之间存在着日月五星并且在气运动作用下运行不息。朱熹认为日月星辰悬于宇宙之间，分布于周天上，而且“随天以绕地”地运动着，他提出“天道左旋，日月星并左旋”②。日月星辰等天体悬浮于大地之上，并且绕地而行。至于日月星辰等何以能处于宇宙之空中，朱熹认为是因为“其悬也，固非缀属而居；其运也，亦非推挽而行”③，就是说日月星辰等在宇宙空间中的悬浮，并不需要有其他物体来凭借，它们的运行也不依靠什么别的推挽力量，而仅仅凭借气的运动就可以实现。由此可以看出，朱熹认为日月星辰在宇宙之间的悬浮和运动都是气的运动使然，由高速旋转的“刚风”促成。

在宇宙间除了有日月星辰的分布，还存在各种气候现象，现代科学对于

---

① ［宋］黎靖德编：《朱子语类》卷一，中华书局，1986 年版，第 7 页。

② ［宋］黎靖德编：《朱子语类》卷二，中华书局，1986 年版，第 16 页。

③ 朱杰人、严佐之、刘永翔主编：《朱子全书》第十九册《楚辞集注》，上海古籍出版社；安徽教育出版社，2002 年版，第 67 页。

“气象”的解释是：在地球大气层之内发生的各种现象，而用古人的话说“气象”就是存在于天地之间的现象，相较于日月星辰等天体，气候现象则离大地更近一些。对许多常见的气候现象，朱熹也仔细地观察和观测，并在当时自然科学知识的基础之上认真加以研究，形成自己的一些见解。例如朱熹认真观测过雷、雨、云、风等现象，并且都做出自己的解释，体现了朱熹对于自然的认知。例如，在朱熹看来，雷的产生是因为“阳气伏于阴气之内不得出，故爆开而为雷也”①，认为雷是阴阳二气相互运动的结果；雨的产生则“皆是阴气盛，凝结得密，方湿润下降为雨”②，认为雨主要是阴气胜于阳气，阴气所凝产生的；云的出现则是因为“阴气正升，忽遇阳气，则助之飞腾而上为云也”③，可见云主要是阳气上升而形成的；风的形成就是因为“风随阳气生，日方升则阳气生，至午则阳气盛，午后则阳气微，故风亦随而盛衰”④，可见风是阳气所生，随着阳气之盛衰而变化，也是在阴阳二气相互作用下产生的等等现象。由此可以看出，对于宇宙天地之间存在的种种自然气候现象，朱熹主要是从阴阳二气的运动变化上来揭示其原因的。在他看来，雷、雨、云、风等自然现象皆是气的运动形成的，故而气的运动方式、阴阳二气的组成变化和相互之间的作用造成了这些自然现象的不同，进而呈现出如雷、雨、云、风等不同的气候现象。朱熹以气的运动来解释气候现象的成因具有一定的合理性，肯定了这些气候现象产生的物质性因素，但是也有一些主观臆测较浓，并不科学。例如，朱熹对于虹的成因的看法就体现了他自身观点上的矛盾性，他一方面提出“蝃蝀本只是薄雨为日所照成影”⑤，认为“蝃蝀”也就是虹的产生是因为太阳照射薄薄的雨雾而形成的，这是符合科学道理的看法；但是他同时又矛盾地指出“日与雨交，倏然成质，似有血气之类，乃阴阳之气不当交而交者”⑥，此处以血气之类来比拟虹，这就不免主观臆测之气太浓。可以看出朱熹对于这些自然气候现象的解释有符合现代科学的部分，也有一些他主观猜想而没有科学道理的部分。但是朱熹通过观察这些自然现

① ［宋］黎靖德编：《朱子语类》卷九十九，中华书局，1986年版，第2535。

② ［宋］黎靖德编：《朱子语类》卷七十，中华书局，1986年版，第1755页。

③ ［宋］黎靖德编：《朱子语类》卷九十九，中华书局，1986年版，第2534页。

④ ［宋］黎靖德编：《朱子语类》卷八十六，中华书局，1986年版，第2211页。

⑤ ［宋］黎靖德编：《朱子语类》卷二，中华书局，1986年版，第24页。

⑥ 朱杰人、严佐之、刘永翔主编：《朱子全书》第一册《诗集传》，上海古籍出版社；安徽教育出版社，2002年版，第446页。

象，并试图以自己的知识理论加以阐释，说明了他不仅注意到这些存在于天地之间的现象，肯定这些都是气生万物构成宇宙的重要组成部分，而且也在一定程度上揭示了气的运动变化与这些自然现象之间的密切联系。

最后，天地之间还存在着山川草木、人物禽兽等万事万物。在整个宇宙天地中，天体在上，大地在下，天地中间则存在着许多形而下之器，具体就是“中间有许多日月星辰、山川草木、人物禽兽，此皆形而下之器也”①。就是说，宇宙中充满了气，气的运动形成天体在上面，大地在下面，而天地之间就是日月星辰、山川草木、人物禽兽等物与事，这些有形有质的存在都是形而下之器，都是源自形而上的“天地之理”。

至此，朱熹的宇宙结构的看法已经甚为明晰，简而言之就是宇宙中充满了气，悬浮在气中的地在宇宙中央，相比较而言，天体在大地之上，大地在天体之下，而天地之间存在的就是由气的运动而形成日月星辰、山川草木、人物禽兽等物与事。

第四节　宇宙的运动

宇宙的运动是指宇宙在时间和空间上的发展与变化，运动是物质的固有性质和存在方式，是物质所固有的根本属性，包括宇宙间所发生的一切变化和过程。在朱熹的宇宙观中，气是宇宙万物的物质性根源，是实体性的存在，所以气具有一切物质的根本属性，就是运动，正是因为气的运动进而化生宇宙万物，促使宇宙结构的形成。气的运动就是朱熹的宇宙运动观，具体体现于动与静和变与化的宇宙运动形态，以及宇宙运动的自然现象上。

一、动与静

动与静是标志世界运动与静止的一对哲学范畴。朱熹认为动与静的产生是太极之理决定的，太极包含动静之理，所以万物才能有动有静，动与静在时间和空间上是无终无始的，无先无后，是一个无限连续的过程，动与静的关系是相互依存的，其中朱熹更为强调静的重要性。

首先，什么是动？什么是静？动与静指的是宇宙运动的两种状态。所谓

① ［宋］黎靖德编：《朱子语类》卷六十二，中华书局，1986 年版，第 1496 页。

“动”就是指变动和移动的意思，“静”指的是不变和停止的意思。《说文解字》中说“动，作也”，后引申为动作之意，而静之本意就是不争的意思。朱熹认为动与静的产生是因为“理有动静，故气有动静”，就是说气有动与静的变化，正是由太极之理决定的，并不是人之所为，“太极者，本然之妙也；动静者，所乘之机。”① 太极之妙指的就是太极蕴含着阴阳之道，动静之理，而太极的本然之妙“搭”在气上，阴阳二气便产生了动与静。朱熹认为正是有这动之理才有这阳之动，正是有这静之理才有这阴之静，即“太极动而生阳，静而生阴”，正是因为太极有动静之理，才有这阴阳之气的动静往来，阴阳二气的动静变化只是太极之理的妙用而已。

其次，就动静的存在而言，朱熹认为动静无端，就是说动与静在时空上的存在是无始无终的，动与静是循环不已的过程。朱熹赞同程子所说的“动静无端，阴阳无始”的说法，并进而分析说“推而上之，何自见其端与始”②。在太极之理上看，动而生阳，但在未动之前就是静，在静之前又是动，也就是说动与静并不能截然分开，而是一种循环不已的过程，“‘一动一静，互为其根’，动而静，静而动，辟阖往来，更无休息”③，动与静是互为终始，循环不已的。所以，朱熹强调阴阳动静是个“循环物事”，所谓“循环物事”的意思就是说，运动产生于静止中，静止又产生于运动中，运动与静止两者循环相生，所以“一动一静，循环无端。无静不成动，无动不成静”④，动与静不能分谁先谁后，就像昼与夜的关系一样，在昼之后就是夜，夜之后又是一个昼，如此循环，即使今天之昼之前是昨天之夜，昨天之夜之前又是前天之昼，就是说既不能说昼是夜的开始，也不能说夜是昼的开端，而动与静的关系是一样的，朱熹以众人显见的昼与夜的关系为例，以昼夜是一个持续的序列，来说明动与静是一个无始无端、循环不已的过程。

最后，就动静的关系而言，朱熹认为动与静的关系是相互依存、对立统一的。首先，动与静相为相待，不能相无，静中有动，动中有静，动与静是相互依存的统一体。动静之理源自阴阳之道，所以动与静互相包涵的原因也

① 朱杰人、严佐之、刘永翔主编：《朱子全书》第十三册《太极图说解》，上海古籍出版社；安徽教育出版社，2002 年版，第 72 页。

② ［宋］黎靖德编：《朱子语类》卷九十四，中华书局，1986 年版，第 2376 页。

③ ［宋］黎靖德编：《朱子语类》卷九十四，中华书局，1986 年版，第 2367 页。

④ ［宋］黎靖德编：《朱子语类》卷九十四，中华书局，1986 年版，第 2372 页。

是源自阴阳之道，“阴静之中，自有阳动之根；阳动之中，又有阴静之根。动之所以必静者，根乎阴故也；静之所以必动者，根乎阳故也”①。因而动与静两者关系是相辅相成的，不能相无。其次，朱熹还认为动与静是可以互相转化的。就存在状态而言，动与静本就是一个无始无终、循环不已的过程，在这个循环的序列中，就动静的产生而言，就是互相转化，他说：“动极生静，亦非是又别有一个静来继此动；但动极则自然静，静极则自然动。”② 动与静原为一体，动至极处便为静，静至极处就是动的产生，此处所指的就是动与静都可以各自转化为自己的对立面，这就蕴含了“物极必反”的辩证法意涵。最后，在动与静相互依存的关系中，朱熹突出静者为主，动者为客，认为“静者为主而动者为客，此天地阴阳自然之理”③，就是说在气的运动中，静止是主要的，而运动的状态是次要的，而且以静为主就是天地之理决定的，并将之解释为“盖静即太极之体也，动即太极之用也”④。这里朱熹提出太极之体是静，太极之用则是动，既然静为体，动为用，那么就重要性而言，当然“体”是主要的，“用”是次要的，进而就得出静主动客的结论。既然在重要程度上是静主动客，那么动与静的存在状态就细化为“静者，养动之根；动者，所以行其静”⑤，就是静为动之根的看法，依稀可以窥见老子所提出的“静为躁君”的观点对于朱熹的影响。

总之，朱熹的动静观体现了他事物运动的基本看法，具有一定的合理因素，当然也具有一定的局限性，但是他的动静观吸收前人动静观的合理因素，融入自己对于事物运动与静止的思考，是其宇宙运动观不可分割的组成部分。

二、变和化

在朱熹的宇宙运动观中变与化也是一对重要的哲学范畴，在动静观的基础上，变化观体现了朱熹对于事物的变通和化生的看法。变与化是运动变化的两种不同形式，是运动所呈现的显著变动与相对稳定两种不同的形态，朱

① ［宋］黎靖德编：《朱子语类》卷九十四，中华书局，1986 年版，第 2376 页。

② ［宋］黎靖德编：《朱子语类》卷九十四，中华书局，1986 年版，第 2385 页。

③ 朱杰人、严佐之、刘永翔主编：《朱子全书》第二十三册《晦庵先生朱文公文集》卷五十四《答徐彦章》，上海古籍出版社；安徽教育出版社，2002 年版，第 2581 页。

④ ［宋］黎靖德编：《朱子语类》卷九十四，中华书局，1986 年版，第 2372 页。

⑤ ［宋］黎靖德编：《朱子语类》卷十二，中华书局，1986 年版，第 219 页。

熹以“顿变”和“渐化”准确地概括了宇宙自然的量变和质变的现象。

首先，朱熹认为“变”与“化”是运动的两种不同形态。什么是变？什么是化？变与化都是事物的运动，呈现出不同以往的状态，具体而言“变是自阴而阳，自静而动；化是自阳而阴，自动而静。渐渐化将去，不见其迹”①，变与化都是讲事物的改变。但是二者不同的是改变的方式不同，“变”的改变是“自静而动”的运动形式，体现的是气的运动“自阴而阳”的方式；而“化”的改变呈现的是“自动而静”的运动形式，体现的是气的运动“自阳而阴”的方式。就事物产生变与化的根源来说，就如同动静观一样，朱熹认为事物变化的根本原因是阴阳二气运动而形成的，而变与化的产生也是因为气的运动。至于变与化的区别，朱熹赞同张载所说的“化而裁之谓之变”的看法，在此基础上加以突出“变”与“化”各自的特性，概括为“顿变”和“渐化”，认为“变是顿变”，“化是渐化”，虽然变与化二者都是事物的运动和改变的过程，但是在程度上有渐和顿的区别，这是对张载变化观的进一步发展，突出“变”与“化”状态上的不同。

其次，关于渐化和顿变的区别，朱熹认为渐化就是不知不觉地化将去，顿变是突然地改变。首先，就渐化而言，“化是逐旋不觉化将去”②，体现的是不被人所知觉的变化，是一种无痕迹的改变，就是“阳化为柔，只凭地消缩去，无痕迹，故曰化”③，此处以“柔”来表现“化”的程度较轻，故而不易被人所察觉。朱熹认为化就是“化是自阳之阴，渐渐消磨将去，故谓之化”④，就是说从“化”的本质上来说，化之所以产生就是阴阳二气的变化，处于阳之气向阴之气转化的过程，气的逐渐消磨的过程，所以说“渐化”的运动形态与数量上的改变相类似。其次，较之于渐化，顿变并不是渐渐化将去，而是突然的改变，“变是倏忽之变”⑤，体现为能为人所觉察的改变，是一种可以明显看出痕迹的改变。朱熹认为“变是自阴之阳，忽然而变，故谓之变”⑥，就是说从“变”的本质上来说，变之所以产生也是阴阳二气的变

① ［宋］黎靖德编：《朱子语类》卷七十四，中华书局，1986 年版，第 1877 页。
② ［宋］黎靖德编：《朱子语类》卷七十四，中华书局，1986 年版，第 1877 页。
③ ［宋］黎靖德编：《朱子语类》卷七十四，中华书局，1986 年版，第 1886 页。
④ ［宋］黎靖德编：《朱子语类》卷七十四，中华书局，1986 年版，第 1887 页。
⑤ ［宋］黎靖德编：《朱子语类》卷七十四，中华书局，1986 年版，第 1877 页。
⑥ ［宋］黎靖德编：《朱子语类》卷七十四，中华书局，1986 年版，第 1887 页。

化，具体就是处于阴之气向阳之气的转化过程。因而，渐化与顿变的区别就在于，渐化是微弱的改变，是事物的发展中不轻易觉察的改变；顿变是显著的改变，是事物发展呈现出的迅速地突然地飞跃，简而言之，就事物的运动状态而言，“变是自微而著”的过程，而“化是自盛而衰”的过程。

最后，化与变的关系体现了事物的运动中渐化与顿变的对立统一。首先，作为事物运动过程中的两种不同形态的化与变是互相包含的，循环不已的。化是渐化，变是顿变，渐化中蕴含着顿变，顿变中蕴含着渐化。变和化之间是可以互相转化的，是一个循环不已的序列，自自然然而且互为始终。而就具体事物而言，“变者，化之渐；化者，变之成”①，就是说，变是始于渐化，化开端于顿变。所以两者的关系就是渐化与顿变互相蕴含，互相渗透。其次，化与变是可以相互转化的，具体的体现就是“化，是渐渐移将去；截断处便是变”②，渐化到一定程度就会引起顿变，体现的就是事物由量变到质变的转化过程。而相反的，在顿变基础之上又会出现新的渐化过程，体现的就是新事物的发展过程，也就是新的量化的改变，这也是个重新走向顿变的过程，可以看出，新事物的变化由渐化的“分毫积起”而开始，渐化到一定的程度，就体现为顿变，朱熹以人的“十月怀胎”和“一朝分娩”来比喻事物从渐化到顿变的运动过程，藉此说明顿变是在渐化的基础上产生的，而渐化的必然结果就是顿变的产生。

朱熹对于事物渐化和顿变的认识较为准确地体现了事物的运动形式，这与他注意吸收和运用自然科学理论，认真观测自然现象，积极探索自然界分不开的。

三、宇宙运动的自然现象

正是由于阴阳之气的动与静，变与化的运动，产生了许多自然现象，宇宙天地间的自然现象也体现了宇宙的运动。

朱熹的宇宙运动观具体体现于他探索自然而形成的看法中，王充在《论衡》中说道“天有日月星辰谓之文，地有山川陵谷谓之理”，朱熹对于宇宙自然的探究也主要集中在天文和地理方面。这是因为“道无形体可见。只看日

① ［宋］黎靖德编：《朱子语类》卷七十四，中华书局，1986年版，第1887页。
② ［宋］黎靖德编：《朱子语类》卷七十五，中华书局，1986年版，第1936页。

来月往，寒往暑来，水流不息，物生不穷，显显者乃是‘与道为体’”[①]。理是抽象不可见的，但是天地之理可以通过世间万物的运动变化来显现，因而宇宙的运动之理可以具体体现于宇宙万物上，因此，朱熹观测过很多宇宙现象并做出详细的解释，以至于在自然科学方面取得了重要的成就。这些对自然现象的观察、思考和理论解释，就是朱熹的宇宙运动观的具体体现。

朱熹认为天体的运行体现了物体运动之动与静的关系，也是宇宙运动观的重要组成部分。他说：“天道与日月五星皆是左旋”[②]，认为天上日月星辰是向左旋转的，而且这种旋转是随着天一起的，这是一个“动”的概念，认为天体和宇宙都是处在运动的状态。同时，在天体中类似于枢纽的极星就是静止的存在，“南极北极，天之枢纽，只有此处不动，如磨脐然”[③]。这是一个“静止”的概念，相对于宇宙天体之“运动”而言，体现了朱熹在运动观上所持的动静相对的观点，因为有南北极作为天之枢纽的“不动”之静，方显得“天道与日月五星皆是左旋”之动，但是这种动与静的关系并不是绝对的。例如，朱熹曾经提到北极星“以其居中不动而言”，认为北极星乃是天之枢纽所在，因而是静止的，可是后来他又说：“极星也动，只是它近那辰后，虽动而不觉。”[④] 相对而言极星也是运动的，只是因为其运动而不易被察觉而已，这就是说就物体运动而言，运动与静止是相对的，而且因为所选择参照物的不同，运动与静止的形态也是可以互相转化的。

朱熹对于月亮的观察和探索也体现了他对于宇宙在时间和空间的发展变化的看法，他认识到月亮本身不是发光体，月亮之光乃是源于太阳光的照射而明亮的。“月体常圆无阙，但常受日光为明”[⑤]。正是因为月亮接受日光的几种形式不同，因而造成地球上的人看到的月相是不同的。“方合朔时，日在上，月在下，则月面向天者有光，向地者无光，故人不见。及至望时，月面向人者有光，向天者无光，故见其圆满。若至弦时，所谓‘近一远三’，只合有许多光”[⑥]。此处“朔”是指阴历每月初一，此时太阳在上面，月亮在下面，地球又在月亮的下面，因为月亮受到太阳照射的那面背对地球，所以地

---

① ［宋］黎靖德编：《朱子语类》卷三十六，中华书局，1986 年版，第 975 页。
② ［宋］黎靖德编：《朱子语类》卷二，中华书局，1986 年版，第 14 页。
③ ［宋］黎靖德编：《朱子语类》卷二，中华书局，1986 年版，第 19 页。
④ ［宋］黎靖德编：《朱子语类》卷二十三，中华书局，1986 年版，第 535 页。
⑤ ［宋］黎靖德编：《朱子语类》卷二，中华书局，1986 年版，第 19 页。
⑥ ［宋］黎靖德编：《朱子语类》卷二，中华书局，1986 年版，第 20 页。

球上的人此时看不见月亮；“望”就是指阴历每月十五日前后，地球在太阳和月亮之间，此时，月亮受到太阳照射的那面与地球相对，所以地球上的人此时可以看见满月；“弦”可以分为上弦与下弦，上弦就是指阴历每月初七或初八，月亮面西半明东半暗，在地球上看到的月相呈半圆形；下弦为阴历每月二十二日或二十三日，月亮面东半明西半暗，地球来看到月亮呈与上弦月相反的半圆形。可见，正是太阳、月亮和地球三者运动，形成了地球之上的人观测到的月相的变化，而其实月亮本身并未改变，改变的只是太阳、月亮和地球三者位置而已。

朱熹对于日食和月食的解释也体现了他对于宇宙运动的动静变化的看法。他认为日食与月食的形成是“日蚀是日月会合处。月合在日之下，或反在上，故蚀。月蚀是日月正相照”①。朱熹对于日蚀和月蚀的观点直接受到程颐的影响，认为当太阳月亮运行到一定角度，就是月亮处于太阳和地球之间而成为一条直线时，太阳被月亮遮挡住了，这时日食就发生了。朱熹还将日蚀与月蚀的成因具体归结为，“或日行月之旁，月行日之旁，不相掩者皆不蚀。唯月行日外而掩日于内，则为日蚀；日行月外而掩月于内，则为月蚀”②。正是因为太阳、月亮和地球三者位置的变化导致了日食和月食的产生，可以看出，宇宙的运动产生了种种天文现象，而天文现象又体现了宇宙的运动。通过对宇宙运动的观察和分析，我们可以得知在朱熹眼中日食星变都是能被预测和掌握的自然现象，这是一种对待天文现象的科学理性态度。

正是因为对于天体运动的观察细致入微，朱熹关于天文历法的思想相当丰富和成熟。天文历法就是对人们生活于其中的世界在时间、空间上规定性的理解，朱熹的天文历法思想主要就是在岁差和历法上。朱熹详细地论述了岁差的产生是因为天体日月运行快慢的不同而导致的，继而提出应当通过置闰的方式来进行调节以使阴阳合历。对于天文历法的研究是朱熹认识天地之理的重要组成部分，他认为可以通过探究天文历法来把握天道运行，掌握自然规律，所以这也是他格物致知的重要对象，是其宇宙观的重要组成部分。

此外，关于“潮汐”的看法也反映了朱熹关于宇宙运动的观点。朱熹认为潮汐成因正是因为月亮和太阳的引力作用，使地球海面发生周期性的涨与

① ［宋］黎靖德编：《朱子语类》卷二，中华书局，1986年版，第21页。
② ［宋］黎靖德编：《朱子语类》卷二，中华书局，1986年版，第18页。

落，对潮汐的观察验证了朱熹运动观中渐化和顿变的观点；此外，宇宙的运动还体现在地质学方面，在看到“高山有螺蚌壳，或生石中”① 的现象时，朱熹进而思考判断“此石即旧日之土，螺蚌即水中之物”②，藉此推论“下者却变而为高，柔者变而为刚，此事思之至深，有可验者”③，认为此处曾发生过自然界由下到高、由柔到刚从沧海到桑田的变化。朱熹对自然界的这种地理演化现象的推测是比较合理的，也正是源于他的宇宙运动思想在现实中的运用。

总的来说，朱熹对于宇宙自然的观察研究是广泛而深入的，在运用当时的自然科学知识加以解释的基础上有所创新，不仅体现了朱熹对于自然科学的关注和兴趣，而且也促进了他对于自然万物的哲学思考。

朱熹的宇宙观是他在宇宙自然的领域内所进行的科学探索和哲学思考的结合。在对宇宙自然的探究中，朱熹提出了很多极有价值的观点，达到了他所生活的那个时代相当高的理论水平，取得很多自然科学成果，可以说，朱熹是中国历史上取得丰富的科学成就的不多哲学家之一。而在哲学思想方面，朱熹的宇宙观重视深化人类对自然界的认识，也具有一定的启发意义和推动作用。在朱熹看来，理是形而上的本原，气是形而下的根源，他的宇宙观不仅体现了他对于宇宙的本原、宇宙的生成、宇宙的结构和宇宙的运动方面的思考，而且在其自然观中也占有重要的地位，是生命观和天人观的理论基础。

① ［宋］黎靖德编：《朱子语类》卷九十四，中华书局，1986 年版，第 2367 页。
② ［宋］黎靖德编：《朱子语类》卷九十四，中华书局，1986 年版，第 2367 页。
③ ［宋］黎靖德编：《朱子语类》卷九十四，中华书局，1986 年版，第 2367 页。

第三章 朱熹自然观之生命观

生命观是朱熹自然观的重要内容之一。生命指的是生物的生存，指有生命之物。生命观是关于人如何对待自然生命的一种态度，也包括对人类自身生命的认知，体现了人对于生命产生的本原，生命形成的本质，生命发展的过程，生命最终的归宿以及生命存在的价值的看法和观点。朱熹穷自然生命之理，以理性的精神探究生命的本质和意义，其生命观注重人的道德价值，主要内容包括：理是生命的本原，生命由气形成，生命有过程以及生命的价值等方面的内容。在朱熹的生命观中，生命指的就是由阴阳变化交错而化生出的万物，不仅包括人的生命，也囊括了自然界其他动物植物等生命体的存在，以万物代表生命，生命不仅是自然界的重要组成部分，也是自然界存在的重要条件。这种突出生命的地位和作用，正是体现了朱熹从生命的意义上理解自然界。

第一节 生命的本原

生命本原的意思就是从本质上探究生命产生的根据。理在朱熹自然观中是个具有本体意义的最高范畴，不仅是宇宙的本原，也是生命的本原。可以说，朱熹思想中的理是宇宙万物的本原和共同本质，是世间万物生命存在的根据。在生命观中，理一方面指的是生命得以产生的本原，另一方面指的是生命区别于他物之理，就是“性”。

一、理在天地万物之间

理是万物的本原，也是生命存在的依据。朱熹认为世间万物包括人的生命都是源于“理”。

在儒家的传统自然观中，自然不仅包括世间万物，也包括人在内，“万物”并不仅仅是物理意义上的万物，也包括人在内的生命存在，明白这一点，就不难理解朱熹论及生命时处处提到的万物的范畴了。朱熹提出理是万物之原，认为理是万物共同具有的唯一的生命本原，他说“合天地万物而言，只是一个理”[①]，世间万物生命的产生的根本原因就是理。作为极致之理的太极是宇宙的本原，太极生阴阳，阴阳变化而形成万物，由此产生生命。太极是宇宙本体，同时又是自然万物的本原，天地的产生源于太极之理，世间万物的产生也是源于太极，太极之理在天地体现为阴阳，进而化生五行生养万物，万物的产生正是太极之理使然。同理，生命的产生也是在这样的过程之中实现的。

理是宇宙天地万事万物产生的终极根源，理在天地之间体现为生的精神。就是说天地之理就在于“生”字上，诚如程颢所说：“天只是以生为道”[②]，生命的创造就是天之道，天之理。从根本上说，理是生命创造的本原，而生即生命的创造是理的根本内容。朱熹认为：“天地之心，别无可做，‘大德曰生’，只是生物而已。”[③] 天地之心就是天地之理，天地之理就是化生万物，生命的产生是源于天地之理。所以“天地以生物为心”指的就是“天包着地，别无所作为，只是生物而已”[④]，天地之间的“理”就是化生万物，万物并非都是有生命之物，但是无论是有生命体还是无生命体都是源于天地之理。天之理就是创造生命，生命创造是一个不断流行的过程，是在时空中进行的，“亘古亘今，生生不穷”，天地化生万物之理具有绝对性，是亘古亘今的存在，因而宇宙万物循环不已生生不穷。由此看来，理不仅是生命形成的本原，而且生命产生与创造的过程之本身就是天地之理的呈现过程。

生命源于理，存在于天地自然中。朱熹认为，天作为整体的自然界，也是理气之合的结果，自然以及存在于自然之中的生命的存在方式就是生。天地之间生生不已，推陈出新的普遍规律就叫生之理，生命创造之理就是理之

① ［宋］黎靖德编：《朱子语类》卷一，中华书局，1986 年版，第 2 页。

② ［宋］程颢、程颐著：《二程集》第一册《河南程氏遗书》卷二，中华书局，1981 年版，第 29 页。

③ ［宋］黎靖德编：《朱子语类》卷六十九，中华书局，1986 年版，第 1729 页。

④ ［宋］黎靖德编：《朱子语类》卷五十三，中华书局，1986 年版，第 1280 页。

创生万物的依据，朱熹说："天道流行，发育万物，有理而后有气。"① 生命能够产生就是源于天地生生之理，生生之理就体现于生命创造和流行的实现过程中。天地生生之理的作用过程是一个自然的，不须人力作为的过程，因而，生命的产生就是一个自然而然的过程。因为生命创造之理是自然的，普遍的，自然万物才能自然地不断地新旧相替，新陈代谢，因此自然界的生命产生是生生不穷的，这生生不穷的万物生命产生的过程本身就是天地之理的实现过程。非但宇宙万物，而且人的生命也是天地生生之理的体现。朱熹说："'天地之大德曰生'，人受天地之气而生，故此心必仁，仁则生矣也。"② 人的生命的产生源于天地之理，也体现天地自然生生之理。

总之，理是生物之本，是生命产生的本原，世间万物皆存在于自然之中，人也是宇宙中的一物，人的生命与天地万物皆源于本原之理。

二、理在人心 是之谓性

生命的本原是理，理是人与物生成的依据，是人与物所得以为生之理，也是天赋予生命的本质，体现在人与物就是性，性就是理，性是万物所具有的天之理，人之性也源于理。性是人与物的本质，理体现于人就是性，理体现人之处就是心，所以朱熹说"理在人心，是之谓性"③。

朱熹认为性就是理在物上的体现，是天下万事万物都具备的，只要物存在就会有此物之性存在，他说："天下无无性之物。盖有此物，则有此性；无此物，则无此性。"④ 性与物是不可分离的。理与性的关系是一与多的关系，"性是许多理散在处为性"⑤，理存在具体的人或物上就是性，而实质上性与理是合一的，人与物所禀赋的天地之理就为性，综合人与物所禀赋的个别之性，即成为天地公共之理。

世间万物都有性，人有此性，物也有此性，人之性与物之性的本原是相同的，都是源于理，但是就现实存在而言，人之性与物之性是有区别的，至于原因，朱熹认为是"人物之生，天赋之以此理，未尝不同，但人物之禀受

① ［宋］黎靖德编：《朱子语类》卷三，中华书局，1986 年版，第 36—37 页。
② ［宋］黎靖德编：《朱子语类》卷五，中华书局，1986 年版，第 85 页。
③ ［宋］黎靖德编：《朱子语类》卷九十八，中华书局，1986 年版，第 2514 页。
④ ［宋］黎靖德编：《朱子语类》卷四，中华书局，1986 年版，第 56 页。
⑤ ［宋］黎靖德编：《朱子语类》卷五，中华书局，1986 年版，第 83 页。

自有异耳。如一江水，你将勺去取，只取一勺；将碗去取，只取一碗；至于一桶一缸，各自随器量不同，故理亦随以异”①。天地之理本是共同的，但是由于人与物各自禀赋的差异造成各自所受之理的程度有差异，朱熹形象地以用勺、碗、桶、缸等器具去取江水为例，以江水来喻本原之理是相同的，如一江之水，而由于容器的不同，故而造成有一勺水、一碗水、一桶水和一缸水的区别，来说明本原之理相同，而人之性与物之性相异的原因。

性是物的本质，就如同“舟只可行之于水，车只可行之于陆”②，船于水中行驶，车在陆地上奔驰都是自身的性质决定的，所以“固是有理”。朱熹认为只要是有物就有理存在其中，就如同无生命之物舟与车，也都是有理存于其中的，也正是这个理决定了舟可以在水中行，车可以在陆上行。对于有生命之物来说，就是“生之理谓性”③，性就是生命存在之依据，非有此理，则不成生此物，也是生物成为此物而不是他物的内在规定性，所以说，理本质上是生生之理，此物之生，则必具生此物之理，此理就是性。对于人的生命而言，这是对告子的“生之谓性”观点所做的发挥，在生命的意义上肯定了一切生命存在的合理性。

对于人而言，“性者，人所受之天理”④。性是指人所禀受于天地之理，性是天地之理体现在人的本质，此处之“性”指的是人的本初之性。朱熹认为人性就是天理，体现了他对于程颐所说的“性即理”观点的赞同，他认为“性”是人之所受于天者，“盖理以事别，性以人殊，命则天道之全，而性之所以为性，理之所以为理者也”⑤。朱熹认为人之性源于天地生生之理，天地生生之理就是自然界发育流行的规律，因此，理赋予宇宙天地万事万物之上，但是人与物禀受天地之理的程度却不相同，理体现在人上就是性理，体现在物上就是物理，而命是指天道发育流行于人和物，是理流行的整体趋势，以此来进一步说明人之性与物之性的不同。

朱熹还提出“性是心之道理”⑥，认为理赋予人者就是性，理体现于人处

---

① ［宋］黎靖德编：《朱子语类》卷四，中华书局，1986 年版，第 58 页。

② ［宋］黎靖德编：《朱子语类》卷四，中华书局，1986 年版，第 61 页。

③ ［宋］黎靖德编：《朱子语类》卷五，中华书局，1986 年版，第 82 页。

④ ［宋］朱熹著：《四书章句集注·论语集注》，岳麓书社，2008 年版，第 110 页。

⑤ 朱杰人、严佐之、刘永翔主编：《朱子全书》第六册《四书或问·论语或问》，上海古籍出版社；安徽教育出版社，2002 年版，第 641 页。

⑥ ［宋］黎靖德编：《朱子语类》卷五，中华书局，1986 年版，第 90 页。

就是“心”，这是对伊川的“性即理”观点的发展。朱熹的“心”具有灵明之心和本心的含义，兼具有形而上和形而下的特点，在论及人之性时，心多指形而下之意，就是朱熹说的“心者，气之精爽”①，离开心，性便无着落处，意即心与性是不可分离的，“性便是心之所有之理，心便是理之所会之地”②，性就是理在人心的呈现，心是理在人身上的落脚处，因为“理无心，则无着处”③。所以对于心而言，性就是心之体，对于理而言，心就是理所着落处，对于性而言，“心是包含该载，敷施发用底”④ 的落脚处，性与心的关系就像太极和阴阳的关系一样，“性犹太极也，心犹阴阳也。太极只在阴阳之中，非能离阴阳也。然至论太极，自是太极；阴阳自是阴阳。惟性与心亦然”⑤，朱熹此处以太极来比拟性，以阴阳来比拟心，以此来说明性存在于心之中，就像太极蕴涵于阴阳之中，以太极与阴阳不能相分离，来说明性与心的不能须臾离分的关系。

朱熹认为天地之间只是一个理，而这一本原之理体现在人与物上就显现出了差异，这不仅是人与物所受之理的程度上有差异，还因为形成人与物之气的不同而导致的，就是朱熹认为的“理同而气异”的观点。

第二节 生命的形成

生命的形成指的是从形式上探究生命产生的最终原理。在理是生命本原的基础上，朱熹认为生命的形成是由气来实现的，因为天地之理发挥生物的功能，创造生命过程需要气来发育流行，本原之理赋予人与物，体现为人之性和物之性的差异都需要气来实现，也就是说，无论是生命的物质形态还是生命的内在本质都需要气来形成和实现。

一、万物皆受气而生

世间万物都是由气化生的，生命的形成是理与气合的结果，人与物皆是

① ［宋］黎靖德编:《朱子语类》卷五，中华书局，1986 年版，第 85 页。
② ［宋］黎靖德编:《朱子语类》卷五，中华书局，1986 年版，第 88 页。
③ ［宋］黎靖德编:《朱子语类》卷五，中华书局，1986 年版，第 85 页。
④ ［宋］黎靖德编:《朱子语类》卷五，中华书局，1986 年版，第 88 页。
⑤ ［宋］黎靖德编:《朱子语类》卷五，中华书局，1986 年版，第 87 页。

受气而生，世间万物都由性和形共同构成的，性源于理，形源于气。人之所以能得以生存于宇宙天地之间，也是理与气相结合的产物，只是人与物虽所禀受的是同一理，但由于所禀之气有清浊昏明之不同，故而有人与物存在的差异性。

世间生命皆是气化生成，生成人与物的是本原之理，而形成人与物的是根源之气。理是生物之本，气是生物之具，“是以人物之生，必禀此理然后有性，必禀此气然后有形”①。气是万物得之以形成的质料，就是朱熹所说的“性者，生之理；气者，生之质，已有形状”②。对于生命而言，生命之理就是性，生命之质就是气，意即“性”（理）是万物生命的本原，是形而上的范畴；而气是构成生命的质料，是形而下的范畴，理必须附着在气上，才能形成具体的生命。而世间之物形成的过程就是“夫太极动而二气形，二气形而万物生。人与物俱本乎此，则是其所谓同者；而二气五行，絪缊交感，万变不齐，则是其所谓异者。同者，其理也；异者，其气也”③。太极阴阳二气是生命产生的物质性本原，这是所有的生命相同的，而阴阳二气五行的交感变化形成了世间生物，这是生命万变不齐的原因。理同，所以世间生命的本原相同，而气异，则世间生命存在性质各不相同。

世间生命都是源于理，而由气化生的，即使是人也是如此。生命的形成离不开气，“人之所以生，理与气合而已”④，离开了气，生命就无法产生。朱熹经常说理与气不相离，意思就是说生命的实际形成就是理与气合的结果，而同时，理与气这样相合不离的状态也是始终呈现于生命体上。朱熹认为“此身在天地间，便是理与气凝聚的”⑤，意即人之身的存在，正是形而上的理与形而下的气凝聚汇合而成，人类生命的产生是理与气合力作用的结果，生命的存在就是形上之理与形下之气的统一，理赋予生命以内在的本质，气赋予生命以外在的形体。在现实生命产生的过程中，朱熹似乎更为强调气的重要作用，这是因为人与物产生之伊始，都是以气聚成形，因气化而生成，

① 朱杰人、严佐之、刘永翔主编：《朱子全书》第二十三册《晦庵先生朱文公文集》卷五十八《答黄道夫》，上海古籍出版社；安徽教育出版社，2002年版，第2755页。

② 朱杰人、严佐之、刘永翔主编：《朱子全书》第十八册《朱子语类》卷一百三十七，上海古籍出版社；安徽教育出版社，2002年版，第4246页。

③ ［宋］黎靖德编：《朱子语类》卷四，中华书局，1986年版，第59页。

④ ［宋］黎靖德编：《朱子语类》卷四，中华书局，1986年版，第65页。

⑤ ［宋］黎靖德编：《朱子语类》卷三，中华书局，1986年版，第46页。

人与物的生命得以生成，进而现实生命又因气的变化而产生无穷变化。生命的形成离不开气，无论是人的生命还是自然界其他生物的生命，“这个天地阴阳之气，人与万物皆得之”①。气化是生命发生的过程，气的聚散交感就是生命生生不息、变化无穷的原因和动力，在朱熹看来，“天地之初，如何讨个人种？自是气蒸。结成两个人后，方生许多万物”②。人类生命的最初产生也是个自然变化的过程。至于具体的气如何交感化生生命，朱熹并没有说明，当然，在当时的科学技术的基础上，朱熹并不能准确地分析出生命形成的机理，这是可以理解的，但是朱熹试图以自然之气来解释生命的形成，具有一定的合理性，至少在他看来，生命的现实存在是由物质构成的。

既然生命都是气化生成，那么人的生命与其他生物的区别是什么呢？朱熹认为世间万物皆是由气化生的，但是万物所得之理有“偏正”之差异，万物所禀受之气有“清浊昏明”之差异，因而，虽然生命具有共同的本原——理，生命形成有相同的质料——气，但是在生命的现实存在中，万物生命体就呈现出很大的差异性。当然，其中最大的差异性就体现在人的生命与其他生命的区别上，朱熹说：“人物之生，其赋形偏正，固自合下不同。然随其偏正之中，又自有清浊昏明之异。物物运动蠢然，若与人无异。而人之仁义礼智之粹然者，物则无也。”③ 他肯定了人与物的区别，虽然人和物都是气凝而成形，但却存在着本质上的巨大差异。造成人和其他生物差异的原因，主要是因为人与物“受理”的“正偏”有所不同，造成“禀气”的“清浊昏明”不同所造成，特别是人可以禀受天理之全而体现出仁义礼智的道德品格，这是除人之外的其他生命所不能的，因而人之性是完全不同于他物之性的。朱熹认为人与物的区别正是体现于本质上的不同，他说：“论万物之一原，则理同而气异；观万物之异体，则气犹相近，而理绝不同。”④ 就生命形成的过程中，理所赋予万物的发育流行的“生生之理”是相同的，而形成万物的阴阳二气五行有清浊纯驳的区别；而生命体形成之后，虽然形成生命的气有清浊的不同，但都是二气五行之气，所以此气是相近的，而此时理在物上的体现就呈现出昏明开塞的不同之处来，所以造成万物之性是各自不同，这是人与

① ［宋］黎靖德编：《朱子语类》卷三，中华书局，1986 年版，第 46 页。
② ［宋］黎靖德编：《朱子语类》卷九十四，中华书局，1986 年版，第 2380 页。
③ ［宋］黎靖德编：《朱子语类》卷四，中华书局，1986 年版，第 56 页。
④ ［宋］黎靖德编：《朱子语类》卷四，中华书局，1986 年版，第 57 页。

物的本质区别。

就化生万物之气来看，世间生命皆受是气而生，“自一气而言之，则人物皆受是气而生；自精粗而言，则人得其气之正且通者，物得其气之偏且塞者。”① 正是因为所受之气的不同，体现在人与物就是万物之性的差异，即所谓“游气纷扰，合而成质者，生人物之万殊”，所以，朱熹在回答关于人与物的本原都是源于理，为何会出现人物的区别的问题时，提出了“人之性论明暗，物之性只是偏塞。暗者可使之明，已偏塞者不可使之通也”② 的看法。对于人与物的区别进一步加以阐释，他认为正是由于人性之间存在着明暗的不同，物性之间存在着偏塞的不同，明、暗的差别于偏、塞的差别是完全不同的，区别主要体现在程度上，朱熹认为暗者可以使之变得明，人性的明暗可以自身的努力来加以改变，这是可以实现的，但是物性的偏塞之区别则是难以改变的，已偏塞者虽然也可以开，但是非常之难，几乎难以实现。所以说就人性与物性的特点而言，人之性是绝不同于物之性的，这也进一步说明了人与物之间的差异。

万物皆受气而生，气化是生命形成的过程，人与物因为所得之理和所受之气有“偏正”和“清浊昏明”之不同而体现出差异，主要体现在人与物的本质上，也即“性”上，人之性不同于物之性，人之性还可以分为“天命之性”和“气质之性”。

二、天命之性和气质之性

生命的形成依赖于理与气合，人性的产生和形成同样源于理与气合，并由此形成人性与物性，以及人性与人性之间的差异性。朱熹将人性分为“天命之性”和“气质之性”两个方面，认为人之性就是天命之性和气质之性在人生命之中的统一，“天命之性”本质上便是理，“气质之性”则是由理气相杂而成，现实的人性的形成源于理与气合。

朱熹认为人性可以分为“天命之性”和“气质之性”两个方面。“天命之性”体现了人与物的区别。天命之性又称天地之性，即本然之性，指的是人类所禀受的天地之理，理指的是生命得以产生的本原，“性，即理也”，人

① ［宋］黎靖德编：《朱子语类》卷四，中华书局，1986 年版，第 65 页。
② ［宋］黎靖德编：《朱子语类》卷四，中华书局，1986 年版，第 57 页。

性体现天理，故“性”与“理”相同，此处之“性”即是指“天命之性”，“天命之性”就是指性之本体，朱熹说：“性之本体，理而已矣”①，所以说“天命之性”本质上便是理。朱熹认为人性本善，对于传统儒家的人性论持赞同的态度，而至于人性为什么是善的，朱熹认为是因为理是至高至善的精神本体，所以这个至高至善的存在体现于具体的事物之中应当是完美无缺的，人的“天命之性”就是指人所禀受的天地之理，人性即是天理，所以说“未有不善者也”②。天命之性是至善的，还在于天命之性的内涵便是仁义礼智等美德，“人之有是生也，天固与之以仁义礼智之性”③。人性是由天地之理所赋予的，仁义礼智就是至高至善的天理在人性上具体的体现，所以由此看来人类具有本然之善性。总的来说天命之性构成人类生命的精神性内涵，体现于仁、义、礼、智等人类道德属性，决定人类的本质，所以是人类与其他生物的根本区别。

既然人性都源于理，人的本然之性都是善的，那在现实的生活中，人为何还有善与恶、有智与愚的差异呢？这就因为人“气质之性”的不同。“气质之性”体现了人与人之间的差异。朱熹认为不仅人性与物性之间存在差异，而且就现实的人性而言也是存在差异的，所以当有人问朱熹：“人物之性一源，何以有异？”时，朱熹的回答是“人之性论明暗，物之性只是偏塞。暗者可使之明，已偏塞者不可使之通也”。虽然人性的本原是共同的理，但是现实的人性呈现出着明与暗的差异。这就是人的“气质之性”，气质之性指的是现实的人性，是具体的人性，相较于人类整体的天命之性而言的。形而下的气形成人的形体，人一旦具备了形体，也就具备气质之性了，就是朱熹说的“人具此形体，便是气质之性”④。朱熹认为相对纯粹至善的天命之性来说，气质之性是包含着理与气共同作用下的现实人性，气质之性是以理与气杂而形成的，所以朱熹说：“才说性时，便有些气质在里。若无气质，则这性亦无安顿处。所以继之者只说得善，到成之者便是性。”⑤ 现实的人性必然包含气

① 朱杰人、严佐之、刘永翔主编：《朱子全书》第六册《四书或问·孟子或问》，上海古籍出版社；安徽教育出版社，2002 年版，第 981 页。

② ［宋］朱熹著：《四书章句集注·孟子集注》，岳麓书社，2008 年版，第 443 页。

③ 朱杰人、严佐之、刘永翔主编：《朱子全书》第二十册《晦庵先生朱文公文集》卷十四《行宫便殿奏劄二》，上海古籍出版社；安徽教育出版社，2002 年版，第 668 页。

④ ［宋］黎靖德编：《朱子语类》卷九十五，中华书局，1986 年版，第 2431 页。

⑤ ［宋］黎靖德编：《朱子语类》卷四，中华书局，1986 年版，第 66 页。

质，源于天地之理的性是本然的善性，而在现实中的存在则是有善有恶，有智有愚的气质之性，构成人的现实生命，既包含人的精神本性又含有人的物质本性。所以人性各不相同就是源于气质之性，朱熹认为："人性虽同，禀气不能无偏重。有得木气重者，则恻隐之心常多，而羞恶、辞逊、是非之心为其所塞而不发；有得金气重者，则羞恶之心常多，而恻隐、辞逊、是非之心为其所塞而不发。水火亦然。"① 详细解释了正是因为禀气的不同，故而形成现实生活中人性的不同。

朱熹认为现实的人性是天命之性和气质之性的统一体，是包含了精神内涵与物质内涵的统一，反对把性分为两截，他说："有气质之性，无天命之性，亦做人不得；有天命之性，无气质之性，亦做人不得。"② 在人的现实生命之中，气质之性与天命之性是不可须臾离分的。气质之性是源自天命之性的，"性只是理。气质之性，亦只是这里出"③。天命之性是人之性的本然状态，天命之性必须以现实的人之性为安顿处，在现实中，天命之性便转化为气质之性，"天命之性，若无气质，却无安顿处"④。朱熹颇为认同程颢"论性不论气，不备，论气不论性，不明"⑤ 的观点，认为正是因为性与气的密切关系，形成天命之性和气质之性在人的现实生命上的统一，单言天命之性而不言气质之性是不完全的，单言气质之性而不论天命之性是不正确的。气质之性和天命之性相互依存，相互包容，就二者的侧重点来说，"论天地之性，则专指理言；论气质之性，则以理与气杂而言之。未有此气，已有此性。气有不存，而性却常在"⑥。天地之性指的是本然之理，气质之性则是理与气合而产生，朱熹认为天命之性和气质之性统一存在于生命体之中，构成了不可分割的生命整体。朱熹以天命之性和气质之性解决了历代以来在人性本然之善与现实中的恶的理论问题，将天命之性认为是人之本然善性，而现实中的人的种种恶是因为气质之性的缘故，极大地提高了儒家心性论的思辨程度，丰富了儒家心性论的观点。

---

① ［宋］黎靖德编：《朱子语类》卷四，中华书局，1986 年版，第 75 页。
② ［宋］黎靖德编：《朱子语类》卷四，中华书局，1986 年版，第 64 页。
③ ［宋］黎靖德编：《朱子语类》卷四，中华书局，1986 年版，第 67 页。
④ ［宋］黎靖德编：《朱子语类》卷四，中华书局，1986 年版，第 66 页。
⑤ ［宋］黎靖德编：《朱子语类》卷六十二，中华书局，1986 年版，第 1493 页。
⑥ ［宋］黎靖德编：《朱子语类》卷四，中华书局，1986 年版，第 67 页。

总而言之，朱熹认为理与气合，因为有了气，理便有所依附；世间万物皆是受气而生，人的生命的形成源于理与气合，人之性的产生和形成也是源于理与气之合，天命之性与气质之性统一于人的生命中，形成现实人之性。天命之性本质上便是理，而人的气质之性则是由理气相杂而成，天地之性体现了人性的普遍性和同一性，气质之性体现了人性具有差异性和多样性。

第三节　生命的过程

生命的过程就是生命产生、进行、完成所经过的阶段，就人的生命而言，都要经历出生、成长和死亡的过程，朱熹认为生命的过程是有生有死的，他认为天地万物的形成都是气的屈伸运动，人的生与死自然也不能例外，气有聚散，所以生命的存在是有始终的。

一、生与死

在朱熹看来，人的生命是个自然的过程，生命的过程其实就是气聚散的过程，气有聚有散，人必有生有死，生是气聚的过程，死就是气散的结果，气散人死都是理所决定的。

首先，朱熹认为生命的存在有生就有死。万物生命的存在是理与气合的结果，“生之理谓性”①，生命的产生是天地之间生生不息的生命之理的体现，所以生命的消亡也是天地之理决定的，“死生有命，当初禀得气时便定了，便是天地造化”②。生命自从存在之时就注定了终有消失的那一天，生命的存在必然是有生有死的过程，现实的生命有生就必然会有死，万物的存在有始就必然会有终，生命的存在有生死就像万物的存在有始终一样，是一个自然而然的过程。生命的存在有生有死是万物存在的规律，人的生命有生到死是个必然的趋势，这是天地之理，宇宙的自然法则。

其次，生与死的过程就是“气聚则生，气散则死”③。朱熹认为人之生与死，其实就是气之聚与散，气聚为人之“生”，气散为人之“死”。生命的产

---

① ［宋］黎靖德编：《朱子语类》卷五，中华书局，1986 年版，第 82 页。
② ［宋］黎靖德编：《朱子语类》卷三，中华书局，1986 年版，第 43 页。
③ ［宋］黎靖德编：《朱子语类》卷三，中华书局，1986 年版，第 36 页。

生就是二气交感。凝结生聚的过程，人的生命的产生也是这样的过程，“人所以生，精气聚也”①，气聚而产生人的过程就是“人生初间是先有气。既成形”②，其中，“清者是气，浊者是形。气是魂，谓之精；血是魄，谓之质”③。生命的形成有气有形，有精有质，由精气化生出来，因而生命以此形成。但是形成生命的精气并非是无限的存在，而是有尽之时，当这凝聚成人的精气逐渐消亡，人就走向死亡，当气尽之时，人的生命就结束了，朱熹认为人死就是凝合成生命的气消散了，有的气由人体上升于天的，有的气下降于地，因而，生命的过程就是气的运动过程，是从气之生到气之盈再到气之散的过程，所以人的死亡就是形成生命的气消散，并没有什么神秘之处，而只是正常的自然规律。在人的生命过程中，“死生寿夭，固是气之所禀”④，因人禀受之气，决定人生必然会有生死，因人禀受的气有多少厚薄之不同，所以在具体生命的长度上有寿与夭的区别，在生命存在的质量上有福厚与福薄的区别。朱熹认为：“有人禀得气厚者，则福厚；气薄者，则福薄。禀得气之华美者，则富盛；衰飒者，则卑贱；气长者，则寿；气短者，则夭折。”⑤ 这些都是必然之理，生命的长短与生命所禀受的天地之气有直接的关系，若能禀得天地清明之气，也即得寿考之气，其人必然长寿，气决定生命存在的过程。

最后，朱熹认为“死生有命”。所谓的“命”，在论及“天命谓性”时，命指的是源于天地的纯然之理，而在论述生命的过程，阐述生命的生与死的过程时，“命”指的是天地之理赋予人的生命存在的自然规律，就是“死生有命”。朱熹认为人之生死是源于理，依据就是形成生命的气，就是朱熹所说的“死而气散，泯然无迹者，是其常”⑥，气散人死是正常的天理，因而妄图延长生命而强行聚气而不散，是不合乎天地之理的，就是朱熹说的“人有不伏其死者，所以既死而此气不散，为妖为怪”⑦。如果因为不伏死而强行使气不消散就不是正常的天地之理，而为妖为怪了，不符合生命之理。人之死是必然的，因为对于人而言，形成生命的“气”就是“当初禀得”的那“许多

① ［宋］黎靖德编：《朱子语类》卷三，中华书局，1986 年版，第 37 页。
② ［宋］黎靖德编：《朱子语类》卷三，中华书局，1986 年版，第 41 页。
③ ［宋］黎靖德编：《朱子语类》卷三，中华书局，1986 年版，第 38 页。
④ ［宋］黎靖德编：《朱子语类》卷四，中华书局，1986 年版，第 79 页。
⑤ ［宋］黎靖德编：《朱子语类》卷四，中华书局，1986 年版，第 80 页。
⑥ ［宋］黎靖德编：《朱子语类》卷三，中华书局，1986 年版，第 44 页。
⑦ ［宋］黎靖德编：《朱子语类》卷三，中华书局，1986 年版，第 39 页。

气”，这个气是有个限度的，这个“气”耗尽之时就是死亡。而通过一些方法保护那形成生命之气，确实可以使得它能延长存在的时间，也能达到延长身体存在的目的，“只有许多气，能保之亦可延”①。但是这种延长生命的方法，朱熹并不太赞同，他认为如道家所说的聚其气不散，而妄图再生者，并不符合天地之理，只是道家“自私其身”的看法，违背了生命的自然之理。所以说，就气而言，有聚散之理，就理而言，死生有命，知生则便知死，都只是此一理，生与死都是必然的，人应当顺之而已。在理论上朱熹认为是可以通过养气来延长生命，但是在现实的生活中，气终究会有散尽的时候，所以世上并不存在永生不死之人，即使是世上所传说的神仙也不例外。例如，“汉世说甚安期生，至唐以来，则不见说了。又说钟离权吕洞宾，而今又不见说了。看得来，他也只是养得分外寿考，然终久亦散了”②。传说中的神仙不过是较之世人更加长寿而已，并非永生不死，气久必散，生必有死，终会有气散人死之时。既然如此，那么人更要明白生死之理顺之而已，不必强自为之，违反天地之理。

总之，朱熹认为人的生死是个自然的过程，生与死的过程就是气的聚散变化的过程，这就是人应当明白的生死之理，所以应当坦然对待顺理而为。

二、鬼神与魂魄

人的生与死就是气的聚与散，在人的生死过程中，气的聚散变化是非常复杂的，因而也形成种种复杂的现象，如鬼神、魂魄之事。朱熹认为鬼神是阴阳二气的消长，天地间无非气，鬼神只是气的运动，魂魄是形气之精英，都是天理之自然。

朱熹认为鬼神的实质就是“气”，就是“天地之间，只是此一气耳。来者为神，往者为鬼。譬如一身，生者为神，死者为鬼，皆一气耳”③。所以，“鬼神”只是气之变化往来屈伸，是天理之自然，气体现在人身就是生的时候为“神”，死了以后为“鬼”，可见所谓鬼神指的不过就是气的“阴阳消长而已”。正因为世间之万事万物，都是由气的凝聚变化而形成，“天下万物万事

① ［宋］黎靖德编：《朱子语类》卷三，中华书局，1986年版，第43页。
② ［宋］黎靖德编：《朱子语类》卷三，中华书局，1986年版，第44页。
③ ［宋］黎靖德编：《朱子语类》卷六十三，中华书局，1986年版，第1547页。

自古及今，只是个阴阳消息屈伸”①。神鬼也不外乎如是，鬼神也只是阴阳二气之消长屈伸的变化，与世间的万事万物本质是相同的，因而并没有什么神秘之处，更无让人可怕畏惧之理。朱熹以自然的“气”来阐释鬼与神之本质，体现了他的理性精神。

鬼神是如何形成的？“鬼神只是气”②。鬼神是阴阳二气相感而起的，是阴阳二气的消长运动，这种运动是气本身所固有，表现为屈伸往来，凡是属阳，属于伸的，来的，都可称为神；凡属阴，属于屈的，往的，都可称为鬼。气是构成宇宙万物的材料，也正是因为气的差别因而造成鬼神的差异。在人的生命中，朱熹认为气凝结为人，气散就为鬼，他说：“只是这个天地阴阳之气，人与万物皆得之。气聚则为人，散则为鬼。”③ 人的生与死是气聚则生，气散则死，所以人死之后，气只是消散了，并不是消亡了，只是散在这宇宙天地间，因为人可以通过祭祀来感格先人之气，之所以能感格的来就是因为先人之气并未消失，而是散在这天地间。所以朱熹说死生人鬼是“气则二，理则一”④，生与死，人与鬼都是源自天地之理，这是相同的，只不过区别就是构成二者的气不同而已。他说“精气凝则为人，散则为鬼”⑤，精气的凝合就形成人，人死气散就是鬼，所以鬼其实就是消散于天地之间的精气而已，就是一种类于“虹霓”之气，既不同于太虚之气，又不同于形成人的精气，是介于有与无之间的存在。同样，神也是气的阴阳变化而形成的，神是“气之精英者”，指的就是天地间之精气，不仅是气的阴阳消长，而且神还指的是变化的不可测识，“造化功用不可测度，则谓之神”⑥。此处之神就是指气的发现和运动，常流动不息，朱熹常常以鬼神来指造化之迹，认为神就是天地自然之妙不可测识之处。简而言之，朱熹认为：“以屈伸往来之气言之，则来者为神，去者为鬼；以人身言之，则气为神而精为鬼。”⑦ 鬼神就是自然界的阴阳之气的运动，对于人而言就是形成生命存在的精气而已，将鬼神赋予自然的含义，以气作为鬼神的本质。

① ［宋］黎靖德编：《朱子语类》卷三，中华书局，1986 年版，第 45 页。
② ［宋］黎靖德编：《朱子语类》卷三，中华书局，1986 年版，第 34 页。
③ ［宋］黎靖德编：《朱子语类》卷三，中华书局，1986 年版，第 46 页。
④ ［宋］黎靖德编：《朱子语类》卷三十九，中华书局，1986 年版，第 1013 页。
⑤ ［宋］黎靖德编：《朱子语类》卷三，中华书局，1986 年版，第 36 页。
⑥ ［宋］黎靖德编：《朱子语类》卷九十五，中华书局，1986 年版，第 2423 页。
⑦ ［宋］黎靖德编：《朱子语类》卷三，中华书局，1986 年版，第 40 页。

朱熹在论鬼神时，还论及于魂魄，就生命观而言，鬼神与魂魄两对范畴是朱熹对于人死生过程中气的运动变化的思考。魂魄是就人之生命而言，“魄者，形之神；魂者，气之神。魂魄是神气之精英，谓之灵”①。魂与魄是构成人生命的形与气的关键，也是形成生命的最灵动之因素。魄存在于阴阳之气相交形成生命之时，而魂则是由此发挥出的，“魄是一点精气，气交时便有这神。魂是发扬出来底，如气之出入息”②。所以朱熹认为人人都有魂魄，但是魂是动，魄为静，魂与魄体现在人身上的作用是不相同的，“人之能思虑计划者，魂之为也；能记忆辨别者，魄之为也”③。二者体现在人身上的功能也是不同的，朱熹对于传统神秘的“魂”与“魄”做出了新的解读，认为魂与魄都是气，体现了他在探究生命时所具有的自然主义的精神。

古人多以魂魄指人的生前，鬼神指其死后，精气则同生死而言。鬼魂是就人死后来说的，但是朱熹则将鬼神魂魄等范畴推广至宇宙万物自然之中，而不仅是指人的生死而言，意义与古人有别，多具创新之义。鬼神与魂魄两对范畴是朱熹对于阴阳二气交感的复杂现象的思考，是他对当时世间流传的“鬼怪神异”等现象所给予的理性解释。尽管他因为没有充分认识到理与气的多样性，忽视了气所包含的无限多的具体物质及不同形态，没有充分意识到物质结构的多样性，所以无法全面正确地揭示生命过程中的种种复杂现象，但是他认为气是生命形成的物质因素，气的聚散决定了生命的存在与消亡的必然性，试图以“气”来解释生死的过程，具有一定合理因素，是朱熹对于现实生命的形成和存在的哲学思考。

第四节　生命的价值

人的生命源于理，形成于气，生与死是现实生命的过程。在这有限的生命过程中，人如何实现生命的价值就是一个重要的问题。生命价值就是人的生命存在的意义，是最基本的人格价值，就社会而言，是人对社会发展的意义，就个人而言，生命的价值是对于生命本身意义的思考。朱熹着眼于现实

① ［宋］黎靖德编：《朱子语类》卷八十七，中华书局，1986 年版，第 2259 页。
② ［宋］黎靖德编：《朱子语类》卷三，中华书局，1986 年版，第 40 页。
③ ［宋］黎靖德编：《朱子语类》卷三，中华书局，1986 年版，第 43 页。

的生命，立足于生的角度来思考生命，探索生命的意义，思考生命的价值，形成的生命价值观主要包括：坦然面对生与死，正确对待理与欲和修身以养护生命三个方面。

一、坦然面对生与死

生命的过程有生必有死，那么生命的价值首先体现在对待生与死的态度上。生命的存在有生则必然有死，就如同万物的存在有始必有终一样，都是自然而然的“天理”，所以人在面对生死时要坦然面对，顺理为之。

首先，对于生命存在的态度就是要积极进取，勇于担当。在朱熹看来，生命存在的意义就是要自强不息，奋斗进取，承担起社会责任，具体的做法就是完善自身之道德修养，以圣人为典范，以正己正物来实现儒家修齐治平的道德理想，完成自身的责任，才能体现人生的价值与意义。朱熹认为对于人而言，最重要的应当是对于现世人间事务的担当，那么，在现实的生活中，人应当怎么做呢？就是要立足当下，以儒家的“仁爱”精神来关注现实生活，尊重生命的现实存在，也注重生命存在的德性价值，不仅要珍视生命，更要完善生命。在现实生活中关键就是致知力行，明“所以然之理”，遵循“所以然之则”，尽心尽力地去做自己应当做的事，完成自己生之为人的责任，承担自己的社会责任。

其次，当生命走向尽头，面对死亡时应当坦然面对。坦然面对意味着一方面要明白生死之理而顺理而为，不必不伏死。朱熹认为不伏死是违背了自然之理的，不伏死就是不安于死，他说：“如自刑自害者，皆是未伏死，又更聚得这精神。安于死者便自无，何曾见尧舜做鬼来。”① 因为不伏死而强使形成生命之气凝而不散的行为，就如同妖孽一样，乃是圣人不为的，“若圣贤则安于死，岂有不散而为神怪者乎”②。朱熹认为不伏死是圣贤之人不会做的，不安于死是有违天地之理的，所以人不能贪生怕死而妄求长生，违背生命之理。另一方面，不必恐惧害怕死亡。朱熹认为：“人受天所赋许多道理，自然完具无欠阙。须尽得这道理无欠阙，到那死时，乃是生理已尽，安于死而无

① ［宋］黎靖德编：《朱子语类》卷三，中华书局，1986 年版，第 43 页。
② ［宋］黎靖德编：《朱子语类》卷三，中华书局，1986 年版，第 39 页。

愧。"① 此处生理已尽是指死亡的必然性，正因为明了死亡的必然性，所以面对死亡时人们不必疑虑忧恐，而要勇敢面对，勇敢承担，安于死就是说要内心安稳地面对死亡。对待死亡的态度还体现在对于死者的祭祀上，朱熹认为祭祀就是后世子孙以“感格”祖先消散之气的方式来怀念先人，祖先之消散了的精神可以通过“气”作为感通的介质，来为其子孙后代所感知，“先祖世次远者，气之有无不可知。然奉祭祀者既是他子孙，毕竟只是一气，所以有感通之理”②。这是因为逝者之气虽已消散，然而并没有灭亡，所以子孙后代可以此方式怀念已故之先人。

最后，应当“顺生安死”来对待生与死。明白人有生必然有死这个自然之理，不必不伏死，也不必恐惧死亡，重要的是把握当下。在朱熹看来，世间之人如果过分沉迷生死之事，就会沉溺于宗教之学，迷恋于来世之说，寄托于神怪之术，而罔顾现世的人伦，放弃此世间的道德责任，所以对社会和个人的危害都是极大的。因此他认为“鬼神事自是第二着。那个无形影，是难理会的，未消去理会，且就日用紧切处做工夫”③。相较于死亡，人们更应当把握的是生存，在有生之时，要好好作为，实现自身的价值，他对于当时的社会所流行的佛教“六道轮回”的生死观以及道教修身以图不死的生死观很不赞同，认为“老氏贪生，释氏畏死”④。

朱熹对生与死的问题的探析，是希望通过对生死之理的把握和践履，使人能够做到“顺生安死”，勇于承担现世之责任，坦然面对生与死。

二、正确对待理与欲

在现实的生活中，生命的价值就体现于“理与欲”上，朱熹并不否定人的基本生存需求，而是反对超出人基本生活需求，一味追求物质享受及个人利益的私欲，他强调的是要把握度，不能放纵自己的私欲，体现了理性控制感性的道德自律精神。

朱熹认为天理是本体，就人的生命存在而言，性为天理，是个至善的存在，所以他说“盖天理者，此心之本然”。“心”在未有思虑之初，在没有被

① ［宋］黎靖德编：《朱子语类》卷三十九，中华书局，1986年版，第1011—1012页。
② ［宋］黎靖德编：《朱子语类》卷三，中华书局，1986年版，第37页。
③ ［宋］黎靖德编：《朱子语类》卷三，中华书局，1986年版，第33页。
④ ［宋］黎靖德编：《朱子语类》卷一百二十六，中华书局，1986年版，第3012页。

外物感染时的未发状态，就是天理的体现，是至善的存在。“欲”指的是人类对于物质生活的要求与欲望，人的生命存在源于天理，而人欲也是源自天理。朱熹并非一味否定人欲，只是他肯定的是为了维持生命所必需的生理欲望，“若是饥而欲食，渴而欲饮，则此欲亦岂能无？但亦是合当如此者”①。就像饿了就需要吃，渴了就需要喝一样，这些是人类生存的必然需求，朱熹基本肯定维护生存必需的物质欲求，认为“饮食男女，固出于性”②，物质欲求源于人类的生理之本能，也是天理使然，并非不妥，就是朱熹认为的“生之理谓性”，是合乎“当然”之理的。朱熹肯定人作为生命之体具有生理的自然本性，认为人欲出于性，是天理所固有，并非不善，因而并不能否定人的基本生存需求，但是他也并不肯定人对更高物质生活水平的追求，甚至是比较轻视这种追求高品质物质生活条件。

在朱熹看来，人欲可以分为基本生存的需要和过分追求享受的“私欲”两种。他肯定人欲在一定程度上的合理性，但是他同时提出“圣贤千言万语，只是教人明天理，灭人欲”③。这是因为，朱熹肯定的是维持基本生存需要的生理欲望，而不是对于物质需求过分地追求，这种对于物质需求的满足是有一定限度的，“如口鼻耳目四肢之欲，虽人之所不能无，然多而不节，未有不失其本心者，学者所当深戒也”④。他反对超出人基本生活需求，一味追求物质享受及个人利益的私欲。那么在人的日用饮食上，什么是天理？什么是人欲？天理与人欲是如何区分的呢？朱熹认为“饮食者，天理也；要求美味，人欲也”⑤，可见天理与人欲之间的区别，就在一个“度”上，欲望一旦过度，就会流于私欲，违背天理。所以从这方面来说，朱熹认为人欲与天理是相对立的，但是同时，他还认为人欲是从天理中来的，两者并不是绝对对立的，“一言一语、一动一作、一坐一立、一饮一食，都有是非。是底便是天理，非底便是人欲”⑥。但是现实中，天理与人欲区分的界限究竟在哪？朱熹并没有说清，就像饮食与美味的一样，并没有明确区分的标准。

---

① ［宋］黎靖德编：《朱子语类》卷九十四，中华书局，1986 年版，第 2414 页。

② 朱杰人、严佐之、刘永翔主编：《朱子全书》第六册《四书或问·孟子或问》，上海古籍出版社；安徽教育出版社，2002 年版，第 981 页。

③ ［宋］黎靖德编：《朱子语类》卷十二，中华书局，1986 年版，第 207 页。

④ ［宋］朱熹著：《四书章句集注·孟子集注》，岳麓书社，2008 年版，第 514 页。

⑤ ［宋］黎靖德编：《朱子语类》卷十三，中华书局，1986 年版，第 224 页。

⑥ ［宋］黎靖德编：《朱子语类》卷三十八，中华书局，1986 年版，第 1004 页。

就天理与人欲而言，最重要的区分是天理人欲在本质上有公私之分，“循理而公于天下者，圣贤之所以尽其性也；纵欲而私于一己者，众人之所以灭其天也”①。私就是“为自己”的欲，就是“欲得之于己”，这就很容易过度而成为恶。这就是朱熹认为的私欲，也就是“则是合不当如此者”②，所以人应当灭除私欲，消除一己之私心，就在于“凡事只看道理之所宜为，不顾己私”③，意思就是说凡事都要看看是否符合天理，如果私欲萌动即使不符合天理，就应当消除。正是在此基础上，朱熹提出了“义”和“利”，他认为“义者，天理之所宜。利者，人情之所欲”④，义就是天理之公，欲即是人欲之私，朱熹提倡的是“重义轻利”，认为事无大小，皆有义利，他主张循天理之义，去人之私利，这和他提出的“存天理，灭人欲”是一致的。

至于如何正确对待理与欲，朱熹提出“克去己私，固即能复天理”⑤。私欲的产生是因为人的本然之心被物欲所迷惑，所蒙蔽。本然之心本是个至善的存在，但是如若为气禀所拘，就会被人欲所蔽，继而私意萌发，那么本然之善心就会被物欲所迷惑，生出种种欲望来，违背天地之理。但是本性之至善是始终存在的，私欲的产生并不是人的本性不善，而是“为物欲所昏”，之所以会出现人心之迷失其本然至善性，则是因为人心不思，所谓不思则蔽，故而朱熹认为应当发明本心，回复至善的本心，就在于“故学者当因其所发而遂明之，以复其初也”⑥。具体做法就是人应当勤学善思，善思才能实现知之至，而知至就会使人之思更“明”，就这样反复以往必能常以天理主于心，时时警惕人之私欲，如此工夫久了，气质自变，必然能回复本然之善心。所以人在面对天理与人欲之时，要随时警切，以道德的自律做好克己的工夫，去除“众人物欲昏蔽”，自能“复其本然之善心”，这样就可以不让私意蒙蔽天理。

朱熹肯定了人的基本生存需求，但是反对追求过度的私欲，认为追求过度的私欲是违反天地之理的，所以从这个意义上提出了要“灭人欲”，确切的

---

① ［宋］朱熹著：《四书章句集注·孟子集注》，岳麓书社，2008年版，第298页。
② ［宋］黎靖德编：《朱子语类》卷九十四，中华书局，1986年版，第2414页。
③ ［宋］黎靖德编：《朱子语类》卷二十七，中华书局，1986年版，第702页。
④ ［宋］朱熹著：《四书章句集注·论语集注》，岳麓书社，2008年版，第102页。
⑤ ［宋］黎靖德编：《朱子语类》卷四十一，中华书局，1986年版，第1045页。
⑥ ［宋］朱熹著：《四书章句集注·大学章句》，岳麓书社，2008年版，第5页。

说就是要灭私欲，而灭私欲的方法就是通过修养工夫克去己私进而发明本心，而恢复人人具备的本然之心。

三、修身以养护生命

朱熹认为生命的形成是理与气合，因而生命体包含物质和精神两个方面，因而对生命的养护应当从这两反面进行：一方面，要爱护物质之身，可以通过一些修养方法进行一定的调整，使形成生命的气能得到保存可延长生命。另一方面，以修身来完善道德生命，通过为学来明明德，来培育和充实生命内在本然之善性，提升自身的德性修养。

对于生命而言，"人之所以生，理与气合而已"，气形成人之物质形体；理则形成人之内在本质。因而，可以理解为人的物质生命是由形成生命之气决定的。很简单，朱熹认为气消亡了，人的肉身就死了；人的精神生命是由理决定的，就是天理在人身上的呈现，精神生命的完善与否，就是源于人对于生命内在天理的发现和充实。因此，就人的生命而言，气散固然身亡，人的生命消失了；而理与气分，在人的身上不能实现天地之理，人若不能回复和完善生命本然之性，那么人与禽兽无异，则人虽生犹死。所以，朱熹认为人的生命价值不能仅以物质之身来体现，更为重要的是人的精神生命。

对于人的生命存在而言，可以通过自己的修养得到一定的调整。人所禀受之气与人的生命存在有密切相关，所以应当善于珍惜和调养形成生命之气，这是因为"死生有命，当初禀得气时便定了，便是天地造化。只有许多气，能保之亦可延"①。人是可以通过保养形成生命之气，来延长生命存在的时间，这在理论上是可行的，因而在朱熹看来，人具有一定的主动权，可以通过自身的修养在一定程度上调整生命存在的时间长度，但是养气延命并不是目的，而只是一种方式，为的是修身齐家治国平天下，完成自身的责任，最终实现生命的和谐与完善。而如果只是仅仅为了延命而保气，就落入老氏私己之意，"此即老氏作福意。老氏惟见此理，一向自私其身"②。朱熹认为仅仅注重物质之身的生存是道家自私的想法，是他不提倡的。

朱熹认为相对于物质之身，人的精神生命更为重要，故而提出修身。人

① ［宋］黎靖德编：《朱子语类》卷三，中华书局，1986 年版，第 43 页。
② ［宋］黎靖德编：《朱子语类》卷三，中华书局，1986 年版，第 43 页。

的精神生命的完善主要体现在人之性上，朱熹认为人的天命之性是至善的存在，但是在现实中，由于理与气合的过程中形成的气质之性却有善有恶，这是因为“人之性皆善。然而有生下来善底，有生下来便恶底，此是气禀不同”①。人性之差别正是因为气质之性，源自禀气的差异，例如，“但禀气之清者，为圣为贤，如宝珠在清冷水中；禀气之浊者，为愚为不肖，如珠在浊水中”②。可见气质之性导致人类之间的差异，因此导致人有好与坏，圣贤与愚劣的区分。但是这种区别是可以改变的，他说：“故‘虽愚必明，虽柔必强’，也煞用气力，然后能至。”③ 改变的方法就是可以通过为学来明明德，“明明德”的过程就如同在污水中擦拭明珠，所以去除人性之恶，就像擦掉明珠的污水一样，虽然很难，但是是有可能的。

正是因为人的本然之性都是善的，所以就为人能由坏变好，由愚蠢变聪明提供了可能性，方法就是“为学”，朱熹认为学能变化气质，“人之为学，却是要变化气禀，然极难变化”④，可见人之为学的目的就是要变化气禀，进而为圣为贤，所以人应当“须知气禀之害，要力去用功克治，裁其胜而归于中乃可”⑤，通过“为学”来变化气质；还需做到“慎独”，这是一种修身的态度，“至于慎独，又是或恐私意有萌处，又加紧切”⑥，就是无论何时何地都要做到自我修身的功夫，来发现和完善生命本然善性。这是一种道德责任，是人之异于禽兽者，也是生命的自我完善。朱熹还提出“圣人立教”，认为圣贤之人不仅可以以自我修养来完善自我道德，实现自我道德生命的完善，而且还应当从一己之身做起，推己及人，通过教育使他人学会发觉自己人性之善，培养和养护人性之善，最终实现人人皆善，“人人皆尧舜”的理想社会。这是朱熹通过“为学”来发掘和完善人性之善，以此来实现修齐治平的责任，来养护人的道德生命，来完善生命存在的理想。

总之，朱熹认为生命的价值并不仅在于生命的现实存在，而且更在于生命所蕴含的道德意义和生命所体现的精神价值，主要体现于生命的现实选择

---

① ［宋］黎靖德编：《朱子语类》卷四，中华书局，1986 年版，第 69 页。
② ［宋］黎靖德编：《朱子语类》卷四，中华书局，1986 年版，第 73 页。
③ ［宋］黎靖德编：《朱子语类》卷四，中华书局，1986 年版，第 72 页。
④ ［宋］黎靖德编：《朱子语类》卷四，中华书局，1986 年版，第 69 页。
⑤ ［宋］黎靖德编：《朱子语类》卷四，中华书局，1986 年版，第 69 页。
⑥ ［宋］黎靖德编：《朱子语类》卷六十二，中华书局，1986 年版，第 1514 页。

以及生命的道德自律精神。在面对生与死时，人要坦然面对，安于死而无愧；在面对天理与人欲时，人不能放纵自己的私欲，体现了理性控制感性的道德自律精神；人的生命存在，必须要体现出异于禽兽的本质，就必须要培育和充实生命的本然善性来完善生命。

朱熹以自然的视域来感悟生命的奥秘，以哲学的视域来发掘生命的价值，发展了儒家生命观的观点。他对生命的本原、生命的形成、生命的过程和生命的价值都进行了有意义的探索，形成了其独特的生命观，体现了他对于生命的理解。朱熹的生命观是立足于生命存在的本身来穷生命之理，人的生命存在和人的生命意识一直是其自然观致思的焦点，生命的本原、生命的本质、生命的价值等问题始终是其哲学关注的核心问题。这些都体现朱熹生命观所蕴含的理性精神。

第四章　朱熹自然观之天人观

天人观是指对于天与人关系的看法，是关于天、人及二者相互关系的理论。天人关系是中国哲学一直以来关注的基本问题之一，在朱熹的自然观中，天人观体现了天人合一的特点，也包含了天人所为各自有分的意蕴，在人与自然的和谐统一中强调“人者，天地之心”的重要地位。主要内容为：天人本只是一理、天与人和谐共生、人者是天地之心以及其天人观实践方面。

第一节　天人本只一理

天人观是指对于天与人之间的关系的看法，此处的天指的是理与气合的自然之天，天与人的关系体现的就是自然界与人类的关系。朱熹认为“天人本只一理”，从理是人类与自然万物的共同本原出发，认为人类与自然有内在的统一性，人存在于天地之间，与自然万物一样产生于自然界之中，人与宇宙万物一起共同构成完整的自然界，因为天与人从本原上来说都是源于理，从本质上来说都是形成于气，也就是说天与人是同源本质的。

一、苍苍之谓天

在朱熹的哲学中，“天”既是指宇宙万物的自然存在，也是指主宰之天，亦有道德之天的意涵。天的存在是理气之合，作为自然之天，天指的是宇宙自然之全体，就是朱熹提出的“苍苍之谓天”①，所谓“苍苍者”指的就是自然之天，天指的就是自然界，所以天之生物就是自然界创生万物。

---

①［宋］黎靖德编：《朱子语类》卷一，中华书局，1986 年版，第 5 页。

中国哲学对于天的含义的认识是非常丰富的，天具有不同层面的意义，既有超越的意义，也体现了精神层面的意义。冯友兰先生认为在中国哲学发展史上，“天”大致具有五种含义：物质之天，主宰之天，运命之天，自然之天，义理之天，并详细举例加以说明，物质之天具有现实之天的含义，主宰之天具有神的含义，运命之天指的是生命的必然趋势，自然之天具有自然界之含义，而义理之天具有超越性之意蕴。当然天的这五种含义并不是截然分开的，而是往往相互渗透，互有包含。总的说来，在儒学的发展中，“天”大多具有精神层面的含义，多指生命的必然趋势和天地宇宙的最高原理。

在朱熹的哲学思想中，“天”既是指宇宙万物的自然存在，也是指道理之天，还指的是“理”，他说“言物之高大，莫有过于天者”①，“苍苍之谓天。运转周流不已，便是那个”②，这是对于苍苍之天的直观描述；“天虽高，星辰虽远，然求其已然之迹，则其运有常”③，这是对于天及其运行规律的客观描述，这里的天指的是自然之天；“天者，理而已矣”④，此处天指的是朱熹哲学中的最高范畴“理”，天就是理，朱熹认为“天固是理，然苍苍者亦是天，在上而有主宰者亦是天”⑤，在这里，天指的是理，亦是指自然之天，还有主宰之天的意思。所以说“天”在朱熹的思想中具有多重的含义，而在天人观中，天主要侧重于指自然之天的含义。

就天人观而言，天就是自然界。朱熹认为天是创造生命和生命存在的有机整体。在说“苍苍者”就是天的时候，朱熹说：“天只是一元之气”⑥，指出天的形成是由气运转周流而形成的，“苍苍然”是气的存在状态，天是由气形成的也是由气构成的。在宇宙观中朱熹提出天与地都是由气形成的，而且朱熹还提出有形之气与无形之气的划分，有形之气与无形之气就是宇宙自然界的万物存在的不同状态，气能生成有形之物，而气中所蕴含的理指的是无形无象的法则，自然之天就是有形之气与无形之理的统一。朱熹认为就天而言，理与气这两者并非截然相对的，这是因为由气化生成的“天”具有天之

① ［宋］朱熹著：《四书章句集注·论语集注》，岳麓书社，2008年版，第145页。
② ［宋］黎靖德编：《朱子语类》卷一，中华书局，1986年版，第5页。
③ ［宋］朱熹著：《四书章句集注·孟子集注》，岳麓书社，2008年版，第406页。
④ ［宋］朱熹著：《四书章句集注·孟子集注》，岳麓书社，2008年版，第292页。
⑤ ［宋］黎靖德编：《朱子语类》卷七十九，中华书局，1986年版，第2039页。
⑥ ［宋］黎靖德编：《朱子语类》卷六，中华书局，1986年版，第107页。

理，而在现实中气与理是不可分的，所说天是“苍苍者”亦是带着理于气中，说天是理则是指天之理必是形成于气上，附着于气上，因而朱熹所说作为“苍苍者”之天，指的不仅是物理学上所说的宇宙空间之天，而且是指具有生命意义的大自然，也就是万物生命的存在之处，是创生生命的自然界。这也是朱熹所说的“天”的本质，就是体现理的天之体，朱熹认为“但如今人说，天非苍苍之谓。据某看来，亦舍不得这个苍苍底”①，就很明确地指出，天就是有理又有气的存在，是理与气合的浑然之体。而天的现实存在则体现出物质的属性，因而就天人观而言，天可以理解为就是自然界。

天就是自然界，而自然界的存在并非是纯粹的自然，而是包含人的活动在内的广义之自然，这是对传统儒家自然思想的继承。传统儒家认为人类是大自然的重要组成部分，人与自然中的动植飞潜一起构成不可分割的整体，而这个不可分割的整体就是自然界。传统儒家强调人与自然之间要相即相融的思想，也体现于朱熹对于“天”的观点中，他认为天就是自然界本身，人处于自然界其中，而并不置身自然之外。这是因为天地之理就是创生万物，太极生阴阳，阴阳二气的运动变化产生万物，形成生命，人的生命形成也是如此，人与万物构成天地之理发育流行的有机整体，生命创造本就是一个不断流行的过程，而且是在天地之中进行的。人类不仅产生于这个时空之中，而且是这个世界的重要组成者，而这个时空的现实存在就是自然界，由此看来天就是包括人类在内的自然界，包含了人类以及天地万物等生命存在的整体。

作为自然界的“天”是理气之合的结果，天的根本功能就是生命创造，所以天地生生之理就是宇宙的生生之气，生生之气就蕴含生生之理，虽然天地万物并不全然都是有生命的存在，但生命的存在离不开自然万物；同样的道理，人是天地之理创造生命的结果，同时又是自然生命创造的主体和参与者，由此看来自然界本身就是一个生命存在之整体。

二、天即人　人即天

自然之天的存在体现为现实世界的大自然，而大自然是一个包含人的生命在内的整体。在宇宙观和生命观中，朱熹反复强调理是永恒的宇宙本原和

① ［宋］黎靖德编：《朱子语类》卷五，中华书局，1986年版，第82页。

生命本质，就天人观而言，理是天与人的本原，“天即人，人即天”，天之道即人之道，“天人本只一理”①，天与人就在本原上具有相同性，天与人在本质上具有相通性。

首先，朱熹认为天与人具有共同的本原，就是他所说的“天人本只一理”，不仅是指天与人从本原上来说都是源于“理”，而且是指天与人所源于的“理”相同，可以说理是天与人的本原。理是天地万物的本原，是万物的存在根据，是亘古亘今、往来不穷的宇宙的普遍规律。理先于物存在，理是天地万物的本原，也是生命的本原，天和人本来就源于相同的一理，所以在本原上是相同的。天与人的本原是“理”，理是万物的本原，是万物生成的根据，就是生物之根本，“有理，便有气流行，发育万物”，气是万物生成的质料，是“生物之具”，气是宇宙万物的物质性根源，是形成物的素材，气的运动变化构成了丰富多彩的世界。所以朱熹说“论万物之一原，则理同而气异”②。世间万物的形成是理与气合的结果，人与物皆是受气而生，都是由性和形共同构成，宇宙万物之性源于本原之理，宇宙万物之形源于根源之气。天地之理通过阴阳五行的运动变化生成万物，在具体的生成过程中，气形成宇宙万物的外形，理被赋予其内部，“天以阴阳五行化生万物，气以成形，而理亦赋焉，犹命令也。于是人物之生，因各得其所赋之理，以为健顺五常之德，所谓性也”③。因此从这个角度来说，人与自然，与宇宙万物一样，本原都是“理”，所以在本原上是一致的，强调“天”与“人”的合一。因此，从“理”是万物本原这一角度来说，天与人是相同的。

其次，天与人不仅在本原上是相同的，而且在本质上具有内在的相通性。就是朱熹所说的“天便脱模是一个大的人，人便是一个小的天”④，意思就是人类和自然的本质属性有着相通或相似之处。这是因为“天即人，人即天。人之始生，得于天也；既生此人，则天又在人矣”⑤。人类的产生便是源于天地之理，由气化生成，气是天与人共同的物质性根源。人体形成之后，天地

① ［宋］黎靖德编：《朱子语类》卷十七，中华书局，1986年版，第387页。

② ［宋］朱熹著，郭齐、尹波点校：《朱熹集》卷四十六，四川教育出版社，1996年版，第2222页。

③ ［宋］朱熹著：《四书章句集注·中庸章句》，岳麓书社，2008年版，第25页。

④ ［宋］黎靖德编：《朱子语类》卷六十，中华书局，1986年版，第1426页。

⑤ ［宋］黎靖德编：《朱子语类》卷十七，中华书局，1986年版，第387页。

之理便内在于人心之中，体现为人类的天地之性，所以说，人类源于与自然相同之理，人本身就具备天地之理，就是指人与自然之间存在着相通的道理。朱熹在解释孟子所说的“万物皆备于我矣”的观点时，就提出“此章言万物之理具于吾身，体之而实，则道在我而乐有余”①，认为世间万物之理与吾身所具备之理是一致的，所以人可以反身自求内在于心的天地之理，体之而实，正因为如此，天与人具有相通的本质。

最后，人是天地自然的组成部分。人类作为自然界的产物，生命源于自然，“人物皆禀天地之理以为性，皆受天地之气以为形”②。人的生命体现了天地生生之理，故而人可以得天地生物之心以为心，内在地具有自然生生之理，正是因为人与天同理，人类与自然之间有着相通的道理，所以说人类也是自然的一个组成部分，人类并不是自然的对立面。而且就天与人的关系而言，关键就体现于人类的认知活动上，自然界是人类认识的客体，同样的人类自身也是人类认识的对象，自然与人类自身都是人在认识活动中所要面对的对象，从这一点上来说，人同自然界是可以融为一个整体，就是将自然与人作为一个不可分割的整体加以关照，体现自然与生命的意义。故而朱熹的天人观大致可以概括为“天人合一”，正是基于天与人具有共同的本原和相通的本质，人类源于自然，是自然界的一个组成部分。

理是天与人相同的本原，天与人都是理与气合而形成的，所以在本质上是相通的，自然之天与现实之人是本质同源的，人作为自然界的产物，体现了天地生生之理。

第二节　天与人和谐共生

正是缘于天与人本原相同，自然界的万物生命才可能以一种“万物一体”的状态存在，体现了人与自然万物之间生命和谐的境界，而这种和谐共生的理想境界，还须以“天人所为，各自有分”③ 来实现。

---

① ［宋］朱熹著：《四书章句集注·孟子集注》，岳麓书社，2008 年版，第 479 页。
② ［宋］黎靖德编：《朱子语类》卷四，中华书局，1986 年版，第 57 页。
③ ［宋］黎靖德编：《朱子语类》卷六十四，中华书局，1986 年版，第 1570 页。

一、天地万物本吾一体

万物一体指的就是天与人和谐共生的生存状态。天与人具有共同的本原，自然界的生生之理也同样体现于人，朱熹认为宇宙自然充满活力，万物生命生生不息，是以自然具有"仁"的特质，"仁"就是天地生生不已的生机，人作为自然界的产物，与自然具有相同的特质——"仁"。

天与人具有共同的本原和相同的本质，天地之理内在于人就是天与人同德，朱熹认为人具有天地之德。天地之德指的就是自强不息，秉承天理，生物成物，"人兼体乾坤之德也。'乾以易知'者，乾健不息，惟主于生物，都无许多艰深险阻，故能以易而知大始。坤顺承天，惟以成物，都无许多繁扰作为，故能以简而作成物"①。天地之理就是能生物，能成物，就天地而言，这个道理是至易至简的，人可以体现天地的生生之理，实现天地生物成物之德。正是因为人类有此天地之德，所以人可以最终实现与宇宙生命"万物为一体"的理想之境，这是朱熹对于传统儒家的"人"与"自然"相即相融思想的继承。诚如《周易》中所提到的"与天地相似，故不违。知周乎万物，而道济天下，故不过"②，正是因为人类具有与宇宙天地相似的品格，所以人可以不违天地之理，乐天知命，进而道济天下，实现"万物皆备于我"，万物是宇宙自然万物，在此基础之上，朱熹认为自然万物可以与我为一体，而且认为宇宙万物之所以能够实现与我融为一体，就是因为天地万物之理，本就都已具备于吾身之中，就是说天地生生之理内在于人，具体体现就是人与自然具有共同的特质，这个特质就是"仁"。

仁就是天地生生之理。仁是传统儒家哲学思想的基本范畴，在朱熹的自然观中，"仁"不是对儒家仁学的简单继承，而且是提升到本体的范畴，不仅是指天地之理在人的内在本性上的呈现，而且是天与人和谐共生的最高境界。仁的根本特征就是"生"，指的不仅是"生生之理"，而且是"生生之气"。人与天地万物为一体就是从这"生生之理"上来说的，天之"仁"体现于自然生生不息的过程，人之"仁"体现于视天地万物为一体的仁心、仁德。在天与人的关系中，"仁"是指天地生生之理，体现于人类与自然的实践中，这

① ［宋］黎靖德编：《朱子语类》卷七十四，中华书局，1986 年版，第 1881 页。

② 周振甫译注：《周易译注》，中华书局，1991 年版，第 233 页。

就是天人合一的境界。朱熹认为整个天地之间都充满了健动的精神，体现为生生不已的自然力量，实质就是天地之理，而人与万物都是存在于自然之中，秉承这种生生不已的天地之理而存在和发展，而这种生生不已的天地之理的具体内容就是“仁”。诚如蒙培元先生说的那样，“‘仁’作为天人合一的中心范畴，体现了理学有机论整体思维的根本特征。它把自然界看作有机系统或整体，处在自身‘生生不息’的过程之中，并且具有‘生意’，即某种目的性”。[①]“仁”对于天来说，就是天地的生生之理，对于人来说，是天地生生之理体现于人者，体现了“天地之大德曰生”的精神。所以，仁不仅是天地之生理，而且是包含人类于其中的整个自然界的基本特质。朱熹“仁”的观点将人之道提升为天之道，进而以仁作为天人关系的根本原则，为人类把握自然与人的关系提供了理论依据，据此，朱熹肯定人类与自然可以实现和谐为一，而且他把实现自然与人的和谐共生作为人可以实现的理想之境，就是因为天与人虽形体各异，然天人之间有一脉络通贯，这就是“仁”。

人与自然具有共同的本原和相通的本质，就在于天与人具有相同的“仁”的精神。就天地而言，仁就是天地生生之理，“天地生这物时便有个仁”。[②]，“生”的意思是仁，仁不仅是天地的生之理，而且生成物之后，仁内在于物上，此物便富有生意，所以说仁指的就是自然界的生生不息和发育流行。同样，对于人而言，仁是生生之理，就内涵而言，理是所以然之理，必须要体现在人身上，才能体现为仁。而且，仁的特质是人之所以为人的内在之理，所以说，仁指的就是人的仁德，而仁的现实实现过程就是，将仁爱之情推而广之，是一个由亲亲到爱人，由仁民到爱物的推广过程，最终及至自然界万事万物，做到视万物为一体，实现仁的理想境界就是人类与万物相即相融的和谐之境。朱熹将仁理解为“天地生生之理”，是对仁的宇宙精神的体现，将仁理解为人的“仁爱”，则倡导了人的主体精神，在此基础上，提出在现实实践中切实推行“仁”的路径，是一个由亲至疏、由人及物的过程，由此体现了朱熹的“仁”作为“生生之德”，是宇宙天地间普遍存在的“生意”，仁以“生”为本质，以“爱”为基本德性，不仅超越了个体，而且超越了人类，充塞于自然之中。

① 蒙培元：《理学范畴系统》，人民出版社，1989 年版，第 488 页。

② ［宋］黎靖德编：《朱子语类》卷十七，中华书局，1986 年版，第 383 页。

总之，仁存在于宇宙自然之间，生生不已的仁就是人与万物的特质，所以人类可以秉持天地之仁，以仁爱的精神来对待自然万物，进而实现“天地万物本吾一体”的理想境界。

二、天人所为　各自有分

天与人具有共同的本原和相同的特质，人可以实现与天地万物一体的境地，但是，天与人二者也是有所区别的，毕竟人是人，天是天，朱熹提出“天人所为，各自有分”，意即天与人不仅是相区别的，而且天与人各自行使自己的职责。

首先，朱熹认为天与人虽然具有共同的本原，理借助于气化生天地万物，气是造化万物的物质根源，天人之间虽有一脉络通贯之“仁”，但是天人形体各异，天与人毕竟不是一物，二者是有区别的。因为“天之生物，有血气知觉者，人兽是也；有无血气知觉而但有生气者，草木是也；有生气已绝而但有形质臭味者，枯槁是也。是虽其分之殊，而其理则未尝不同”①。承认了人与天，人与世间万物的差异，认为世间万物本原虽然相同，但是因为理在各自身上所体现的不同，故而就造成不同的差异存在。不仅人与天是有区别的，而且人区别于自然界的其他万物，朱熹指出在天地万物之中只有人是具备五常之性的，而其他生物如禽兽则昏而不能备，正因为人具有五常之性，是有心、有灵性、有道德的存在，所以人类区别于其他自然万物，既说明了天与人的区别，也认为在所有“天之生物”之中，人类不仅是自然界的一部分，而且是天地中最灵之物，所以能发挥独有的重要作用来“参天地之化育”，这就充分肯定了人的重要性。

其次，朱熹认为天与人各自的职能和作用是不同的。他认为天的职能就是生物，化生万物，“天地以生物为心”就是“别无所作为，只是生物而已”，因此天地之理就是能生物，能成物，就是朱熹说的天地以生物为心，是“一元之气，运转流通，略无停间，只是生出许多万物而已”② 的过程。天地生万物就是天地之仁，而人与万物则各得此天地之理以成为人与万物。对于

① ［宋］朱熹著，郭齐、尹波点校：《朱熹集》卷五十九，四川教育出版社，1996 年版，第 3067 页。

② ［宋］黎靖德编：《朱子语类》卷一，中华书局，1986 年版，第 4 页。

世间万物而言，天的重要作用就是以“生生之仁”化生万物，天的职能就是具有造化之仁，可以以此化生万物、发育万物。而在天的化育之中，人的作用是非常重要的，人类得天理之全而成为天地最灵之物，因此人不仅异于自然界的其他生物，而且人还具备天地所不能者，就是说人可以循应着自然的造化，以自己的努力去实现天地不能为之的功能，以自己的作为去完善天地的化育，意即人可以能动地作用于自然，具有一定的改造自然的意义。诚如朱熹所说：“人在天地中间，虽只是一理，然天人所为，各自有分，人做得底，却有天做不得底。如天能生物，而耕种必用人；水能润物，而灌溉必用人；火能熯物，而薪爨必用人。裁成辅相，须是人做。”① 可见人的职能就是“裁成辅相”，辅助天地行使生物、成物的功能，人具备天地不能做到的功能，天地的主宰作用通过人来实现，人可以循应天地之理，辅助自然行使“位天地，育万物”的职能。

这样，在承认天与人具有共同的本原和相同的特质时，也肯定了天与人的区别，进而提出人在天人关系中的重要作用，朱熹认为天地自然是一个“生生不穷”的整体，而且也是生命流行发育的无尽过程，人类生命存在是自然界的组成部分，但同时人的存在又是有自觉意识较为特殊的存在，因而较之于自然界的其他生物，人类具有比较特殊的地位和极其重要的作用。就是朱熹所认为的“天能覆而不能载，地能载而不能覆，恁地大事，圣人犹能裁成辅相之”②。朱熹眼中的圣人是人性最完善的人，能充分实现人心之“仁”，来顺应天地，行使裁成辅相的功能，在对待自然万物时关爱自然，与自然和谐共生。

“天人所为，各自有分”强调了人作为天地之间最具灵性的存在，不能离开自然界而独立生存，而且要行使自己的职责，遵循自然界发展的客观规律，以人工去完善天地的化育。

第三节　人者天地之心

朱熹肯定天与人本质同源，也看到天与人之间的差别，认为人是天地间最灵之物，进而提出“人者，天地之心”③，既进一步说明了天与人所共有的

① ［宋］黎靖德编：《朱子语类》卷六十四，中华书局，1986 年版，第 1570 页。
② ［宋］黎靖德编：《朱子语类》卷一百一十，中华书局，1986 年版，第 2709 页。
③ ［宋］黎靖德编：《朱子语类》卷四十五，中华书局，1986 年版，第 1165 页。

“仁”的精神，以此阐释人何以能运用天地而妙于天地，也强调了人在天人关系中的重要作用和地位，具体内容就是，首先，以“人是天地中最灵之物”①来说明人何以能成为“天地之心”；然后，以“参天地，赞化育”来阐释人如何作为“天地之心”。

一、人是天地中最灵之物

朱熹认为人得天理之全而成为天地之间“最灵之物”，因此人具备天地所不能者，只有人能够运用天地而妙于天地，最能体现天地生生之理。

首先，天地之心就是天地生生之理。朱熹的著述中多次说到“心”，指称的具体含义并不相同，在天人观中，论及天地之心时，“心”多是指“无心之心”，“无心之心”之所无之“心”是指天地之心和人之心是不一样的，天地自然并没有和人心一样的“心”；而“无心之心”之“无心”之“心”，则是指自然化生万物的内在规律的主导性，在与天地并举时多具有主宰的意蕴，指的是天地自然不为人所察觉的化生万物和循环生命的功能。“无心之心”侧重于阐发自然在创造生命的过程中所具有的内在规律性，就像孔子说的那样“天何言哉？四时行焉，百物生焉，天何言哉”，意思就是说天地化生万物是个自然的过程，天地生物的过程本身也就是物之自然生成的过程。所以，朱熹认为“天地自有个无心之心”②，就是生物之心，具有主宰的意思，此处之“心”指的是天地的主宰作用是生发万物，并非指实体之“心”，以心为喻来说明成化万物是天地的重要功能。“天地以生物为心”，就是天地的功能就是生发万物，“‘复’未见造化，而造化之心于此可见”③，就是说虽然天地化生万物之理不可见，但是天地生物的功能可以由万物生成来呈现。正因为天地以生物为心，故而朱熹很是注重“生”意，认为生的意思就是“仁”，提出“仁是天地之生气”，认为“仁”就是宇宙之间生生不已的生机。于自然而言，仁就是生，就是自然界生命的化生；于人而言，仁就是天地之生意体现于人之心上，仁是源于天地生生之理的心之德。

其次，人之所以是天地之间最灵之物就在于人心内在地具备天地之生理。

① ［宋］黎靖德编：《朱子语类》卷一百一十，中华书局，1986年版，第2709页。
② ［宋］黎靖德编：《朱子语类》卷四，中华书局，1986年版，第60页。
③ ［宋］黎靖德编：《朱子语类》卷七十一，中华书局，1986年版，第1793页。

天地之“仁”体现于人者，正是落实于人的人心之“仁”，仁是实现“天地万物一体”的理想之境的途径，前面说到，正是因为天与人都具有此仁，所以人实现“天地万物为一体”的理想境界在理论上具有可能性。而在现实中，天地生物之仁在人身的落脚处就是人心，人之心本就是源于天地之生意而具有此仁的，所以由此看来，在现实的实践中，天地之仁就落实于人心之仁上来的。朱熹在《仁说》一文中提出：“天地以生物为心者也，而人物之生，又各得夫天地之心以为心者也。故语心之德，虽其总摄贯通无所不备，然一言以蔽之，则曰仁而已矣。”[①] 说人得天地之理而生，人的生命与世间万物一样源于自然，所以内在地具有自然生生之理，“心之德”指的就是天地自然生生不息之“仁”在人心上的体现，所以人心完备天地生生之理，生生之理内在于人心。

最后，人可以完善自身“心之德”，来实现以天地万物一体的“仁”。对于现实的人来说，“仁”主要体现为人类所具有的普遍的道德品性，简而言之，朱熹认为此心之仁就是“仁包四德”，他说：“仁义礼智，是未发底道理，恻隐、羞恶、辞逊、是非，是已发底端倪。如桃仁、杏仁是仁，到得萌芽，却是恻隐。”[②] 他将天地生生之意与人心之道德品性相联系，从孟子的四端四德推广到天之生物上，可见此心之仁与天地万物之仁生机一片，人之心正是因为有此与天地之理相通的德性，所以人可以与天地自然融为一体。至此，朱熹将天地之心与人之心结合起来，继而将天地之心归结为“元亨利贞”的四德，将人之心归纳为“仁义礼智”的四德，“盖天地之心，其德有四，曰元亨利贞，而元无不统。其运行焉，则为春夏秋冬之序，而春生之气无所不通。故人之为心，其德亦有四，曰仁义礼智，而仁无所不包”[③]。从而将天地之德与人心之德两相关照，实现天之道与人之道的统一，由此说明正是因为此心之“仁”德，所以人得以成为天地之间最灵之物。仁是心之德，是人与自然所共有的，仁不仅指天地万物具备的内在品性，也是指仁者心之德，爱之理，在朱熹看来仁就是“爱的道理”，进而认为仁是人的“本心全体之德”，所以朱熹认为

---

① 朱杰人、严佐之、刘永翔主编，《朱子全书》第二十三册《晦庵先生朱文公文集》卷六十七《仁说》，上海古籍出版社；安徽教育出版社，2002年版，第3279页。

② ［宋］黎靖德编：《朱子语类》卷五十三，中华书局，1986年版，第1287页。

③ 朱杰人、严佐之、刘永翔主编：《朱子全书》第二十三册《晦庵先生朱文公文集》卷六十七《仁说》，上海古籍出版社；安徽教育出版社，2002年版，第3279页。

现实中“仁”的体现就是“爱亲仁民爱物”，就是以仁心仁德对待万事万物，关爱自然中的一切生命，就是仁的体现，也是天地生物之心的具体实现。

至此，可以看出人是天地之间最灵之物就在于人具备与天同样的“仁”，所以朱熹提出“人者，天地之心”，认为天地的主宰功能可以通过人来实现，“天地之心”正是生生之理在天人关系上的应用，是天人联系的关键所在，体现了人的重要作用和地位，强调人可以把握世间万物生生之理，以自己的仁心、仁德来实现天地之的“仁”。

二、参天地　赞化育

人作为天地自然中最灵之物，具备天地生生之仁，能体现自然的生生之理，所以能作为“天地之心”行使裁成辅相天地造化的功能，充分发挥“参天地，赞化育”的作用，来完善天地的化育。

人行使裁成辅相的功能就是要“参天地，赞化育”。“参天地，赞化育”出自《中庸》，指的是人类可以通过自己的作为使天地正常运转，使万物健康发育，进而达到“致中和，天地位焉，万物育焉”[①] 的境界。儒家历来都认为人性最理想最完善的境地就是通过成己而成物，以“赞天地之化育”来实现“与天地参”的目标，从而将宇宙万物的发育运行与人类自身的发展相结合，也从侧面反映了人在天地化育自然流转中的重要作用。人是天地之间最灵之物，是有主动性，有自觉意识的生命存在，所以能积极参与宇宙天地化育万物的过程中，人作为自然界长期发展的最高产物和天地之间最灵之物，可以通过探索具体的自然万物来探求天地万物之理，可以依靠人自己的认识和实践，掌握自然物本身的规律，以改造和利用自然之物。只有人能运用天地而妙于天地也，能辅助天地行使“位天地，育万物”的职能，这是因为“生”是天地之理，但此“天地之理”不是存在于人之外，而就是人的内在本性，体现于人的“仁心”“仁德”上，所以人类不仅是自然的组成部分，而且是辅助天地行使“位天地，育万物”的职能的重要力量。

圣人是最能实现天地之“仁”，发挥“参天地，赞化育”作用的典范。“圣人”是儒家理想人格的通称，此处，圣人指的是最能够体现裁成辅相天地造化的完美典范，所谓“圣人犹能裁成辅相之”，指的就是圣人之所以为圣人

① 王国轩译注：《大学　中庸》，中华书局，2006 年版，第 46 页。

就在于能辅天育物，替天行道，行使人之为“天地之心”的裁成辅相的功能。首先，圣人可以知晓天地之理，遵从天理而行，就是朱熹说的“至于圣人，则顺理而已，复何为哉!”[①] 其次，圣人的作为自有分寸，只是做应当做的事，恰到好处，而不会逾矩而为，就是朱熹所说的，“只是做得人当为的事尽。今做到圣贤，止是恰好，又不是过外”[②]；最后，圣人在辅助天地行使裁成辅相的职能时，所作所为是自自然然，既没有勉强为之，也没有刻意为之，是一种自发自觉的作为，就是朱熹所说的圣人“只是做到极至处，自然安行，不待勉强，故谓之圣”[③]。此处“自然安行”就是指圣人的作为就是本体境界的直接呈现，是自发自觉的行为。总而言之，在朱熹眼中，能实现天地之“仁”的人就是圣人，正是因为“天地只是不会说，倩他圣人出来说”[④]。所以具有与天地相同特质的圣人，最能体现“仁”的精神，能充分发挥本心之全德，自然能与天为一，达到天理与人心合一的境界，实现位天地、育万物的裁成辅相的功能，以人事弥缝天地之缺憾。

至于人如何实现“参天地，赞化育”的功能？朱熹认为人应当学习圣人的所作所为，顺应天地之理，如同圣人那般体会得天地之理，自觉地发挥人的“位天地，育万物”的职能。具体做法就是人应当心怀天地之仁，顺应自然之理，能动地作用于自然界，以人工去完善天地化育，改造自然，并最终实现人与自然融为和谐整体的境界。就是说不能只考虑人类自身的生存，还必须考虑自然万物的生存，自然界的万事万物皆有其存在的道理，“如一草一木，一禽一兽，皆有理。草木春生秋杀，好生恶死。‘仲夏斩阳木，仲冬斩阴木’，皆是顺阴阳道理。自家知得万物均气同体，‘见生不忍见死，闻声不忍食肉’，非其时不伐一木，不杀一兽，‘不杀胎，不殀夭，不覆巢’，此便是合内外之理”[⑤]。这是继承儒家仁爱思想，认为在对待自然之物时要“爱物”，要做到“顺时取物”而不违背事物之理。朱熹把整个自然界都看作是“皆有至理”的生命系统，把“生生”视为“天地之大德”，把尊重自然界的一切生命看作是人至上的道德追求，不仅指出人是天地之间的重要存在，与自然

① ［宋］黎靖德编：《朱子语类》卷一，中华书局，1986 年版，第 5 页。
② ［宋］黎靖德编：《朱子语类》卷八，中华书局，1986 年版，第 133 页。
③ ［宋］黎靖德编：《朱子语类》卷五十八，中华书局，1986 年版，第 1366 页。
④ ［宋］黎靖德编：《朱子语类》卷六十五，中华书局，1986 年版，第 1612 页。
⑤ ［宋］黎靖德编：《朱子语类》卷十五，中华书局，1986 年版，第 296 页。

万物构成统一的整体，而且也突出人不能只考虑自己的生存，还必须考虑万物的“生”，应当尊重生命，尊重自然，这才是朱熹所提倡的以身体力行本心之全德的顺理而行。“参天地，赞化育”体现了万物一体的宇宙和谐境界，充分体现了人在自然的重要作用，也强调了人作为“天地之心”的重要意义。

总之，朱熹认为天与人从本原上来说都是源于理，从本质上来说都是形成于理与气合，天与人具有相同的特质。但同时天与人是相区别的，天与人各自行使自己的职责，在天与人平等的关系中，人的作用更为重要，就是朱熹认为的“人者，天地之心”，人具备与天同样的“仁”，所以要以“仁心”对待万物，尊重自然。至于在现实中如何发挥“人者，天地之心”的作用，就在于人要能自觉地“循理而行”，自然能够继天地而生物成物，促进世间万物和谐发展。

第四节　循理而行的实践

朱熹的天人观强调人应当尊重自然之理，按照自然规律来认识自然，改造自然，最终实现天与人的和谐共生，具体实践就是作为“天地之心”的人，通过探索具体的自然万物来探求天地之理，掌握自然本身的规律，并运用于实践之中的过程，总的来说就是“循理而行”。主要内容包括：首先要即天下之物而格，进而在实践中将理会与践行结合起来，把握所以然之理，完成所当然之则。

一、即天下之物而格

“循理而行”意即遵循天地万物的内在规律，并运用于现实实践中，所以首先应当明白所“循”之理是什么，就在于要穷尽事物之理，朱熹认为天地之间的“天道流行，造化发育”的一切存在都是物，人要想“穷其理”，就必须要即天下之物而格，以此来穷尽事物之理。

首先，要想穷理必须要先格物。朱熹认为“理”是万物本原，也是事物的特殊规律。“循理而行”的实践首先要处理“理”与“物”的关系，就是要格物，因为“凡天地之间眼前所接之事，皆是物”①，理不外物，因为

① ［宋］黎靖德编：《朱子语类》卷五十七，中华书局，1986 年版，第 1348 页。

“理”自在于物中，物既是穷格之对象，那么“格物”就能“穷理”，所以朱熹认为要洞悉天地之理，把握自然万物的规律，就必须要“格物穷理”，所谓格物指的就是“格，至也。物，犹事也。穷极事物之理，欲其极处无不到也”①，到具体的事物之中，穷究其“所以然之理”的过程就是格物。所以要想“循理而行”首先就必须要即天下之物而格，进而穷得万物之理，而且格物的范围要广泛，朱熹认为：“上而无极、太极，下而至于一草、一木、一昆虫之微，亦各有理。”② 所以说天地鬼神日月阴阳草木鸟兽之类都是格物的对象。在广泛格物的基础上，最大程度地穷得万物之理，“所谓致知在格物者，言欲致吾之知，在即物而穷其理也”③。格物就能实现知之至，格物致知的前提就是要即物而穷理，在朱熹看来，把握事物内在规律，对天地万物认知的关键就是格物，只有格物才能把握物之理。

其次，格物之后方能致知。朱熹认为格物所获得的认知是逐渐累积的过程，“惟今日而格一物焉，明日又格一物焉，积习既多，然后脱然有贯通处耳”④。至一定程度之后，就会脱然贯通，格物所得的认知就会上升为一种理性认识，就是“致知”的过程，朱熹认为“穷到极处谓之致”，所以，必须要穷尽事物之理才能实现知之至。在现实的格物中，从格一物到通万理的过程中有个“脱然有贯通处”，这就是认识由量变转化为质变的关键之处，是实现由格一物到通万理的必然过程，格物是人在研究具体事物之理中的必然过程，而且人在格物时应当勤奋为之，持久用力，以此求的豁然贯通之感悟，从而获得此物之理，进而“推得渐广”获得世间之理，最终使“吾心无所不知”，明白天地之间至乎其极之理。

其次，格物的主体乃是人之心。朱熹主张用主观的“心”去格客观上的“事事物物”，进而把握其中之理，“心”在朱熹的哲学中含义很是丰富，既有形而上的“操舍存亡之心”的心，也有形而下的知觉灵明之心。在论及“格物致知”时，心侧重指的是知觉灵明之心，因为心是认知的主体，而理是本体，心具有认识万物及万物之理的功能。理在心中，正是因为理必具于心，

① ［宋］朱熹著：《四书章句集注·大学章句》，岳麓书社，2008 年版，第 6 页。

② ［宋］黎靖德编：《朱子语类》卷十五，中华书局，1986 年版，第 295 页。

③ ［宋］朱熹著：《四书章句集注·大学章句》，岳麓书社，2008 年版，第 10 页。

④ 朱杰人、严佐之、刘永翔主编：《朱子全书》第六册《四书或问·大学或问》，上海古籍出版社；安徽教育出版社，2002 年版，第 525 页。

所以人心可以知理，“教人知得个道理存着处”[①]。对于人而言，突出心是身的主宰，对于物而言，强调了心在认识活动中主导作用，心的本体是虚灵明觉的存在，正是因为天下之物皆有理，所以人之心莫不有知，“盖人心之灵莫不有知，而天下之物莫不有理，惟于理有未穷，故其知有不尽也”[②]。朱熹认为心的认知功能是无所不至，没有局限的，所以能识得事事物物无穷之理。在现实生活中，事事物物亦各有理，所以人如果不穷天下事物具体之理，就无法获得事事物物之理，就会使心中本然之理不明，无法实现“知之至”，无法实现心与理合一的境界。所以朱熹说：“故体认得此心，而有以存养之，则心理无所不到，而自然无不爱矣。”[③] 心既是格物的主体，也是天地之理内在于人的所在，天之理就内在于人之心，天与人在本质上具有相通性，天之道即人之道，格物能穷得物之理，穷得物之理就能识得心之理，而人若能识得此理，就会体会到天地自然至大至公的生物之意，就会养心存理，进而付诸实践之中，而能融一己于万物中，实现与天地万物为一体的天人和谐之境。

总之，格物是穷理的必然途径，也是朱熹“循理而行”的实践的第一步，在朱熹的格物对象中，自然界事物是重要的内容，不仅包括鸟兽草木还扩展到自然界的所有事物，“大而天地阴阳，细而昆虫草木，皆当理会”[④]。朱熹的格物观不仅体现了他对自然界广泛而深入的关注，而且体现了他对穷得自然之理的提倡，将之作为理解天人的关系“循理而行”的现实实践前提。

二、理会与践行

穷得自然之理后，“循理而行”更重要的一方面是“行”，就是在实践中遵“理”而行。在现实生活中，光是格物穷理是不够的，还需要妥善处理认识与实践的关系，理会与践行就是知与行的关系。理会与践行的实现就是人通过理性认知和自觉实践实现“天地之心”的功能来实现参赞天地化育的过程。

首先，什么是“理会”？什么是“践行”？在朱熹的天人观中，“理”是人在实践中所要认知和把握的内容，也是需要遵循的规律和原则。格物才能

① ［宋］黎靖德编：《朱子语类》卷五，中华书局，1986 年版，第 91 页。
② ［宋］朱熹著：《四书章句集注・大学章句》，岳麓书社，2008 年版，第 10 页。
③ ［宋］黎靖德编：《朱子语类》卷九十五，中华书局，1986 年版，第 2424 页。
④ ［宋］黎靖德编：《朱子语类》卷一百一十七，中华书局，1986 年版，第 2817 页。

穷理，穷尽自然万事万物之理，就可以实现“知之至”了，这便是“理会”的过程，也就是知的过程；而由“致知”获得的自然之理必须要在实践中运用和践履，这个过程就是“践行”，也就是行的过程。理会与践行其实就是知与行，致知与力行，是朱熹天人观实践的关键所在。

其次，理会是为了践行。朱熹认为致知（也就是理会），作为人类的认识活动，是以格物为起点，以践行为终点，理会的目的就是践行。就理会与践行的现实过程而言，首先，知在行先，理会是践行的理论准备。人类必须首先要懂得宇宙自然的所以然之理，才能做出合乎自然之理的行为，朱熹说：“义理不明，如何践履？”[①] 意思就是首先要明白道理，然后才能在实践中体现这种道理。所以，在现实实践中，第一步须得格物穷理，这就是“理会”的过程，然后将所穷之理、所致之知运用到现实中，这就是“践行”的过程，就是朱熹说的：“物既格，知既至，到这里方可着手下功夫。”[②] “着手下功夫”指的正是将“知”运用于“行”的过程，就此看来，理会应当先于践行，理会是践行的知识准备阶段，“若知至，则当做的事，自然做将去”[③]，理会最终仍要在践行中体现和运用。其次，理会的目的是为了践行。在知与行的重要性上，就理会而言，践行则更为重要，朱熹认为在理会与践行两者中，“论先后，知为先；论轻重，行为重”[④]，就是说，在理会与践行的先后顺序的问题上，知是先于行，践行是后于理会的；在知与行的重要性的问题上，朱熹则认为行较之于知重，践行比理会更加重要。

最后，理会与践行的关系就是知行相须，相辅相成。朱熹认为“知之而不肯为，亦只是未尝知之耳”[⑤]。如果在认识活动中，仅仅完成理会的过程，而并没有付诸践行中，那么这样并不是真正的致知的过程，所致之知也并非是真知，真知必然包含实践，离开实践，只就不能称之为知。当然，另一方面，践行也不能离开理会，行不能离开知，离开知的行是盲目的，朱熹认为知和行的关系非常紧密，就像“如目无足不行，足无目不见”[⑥] 一样，知依

① ［宋］黎靖德编：《朱子语类》卷九，中华书局，1986 年版，第 152 页。
② ［宋］黎靖德编：《朱子语类》卷一十六，中华书局，1986 年版，第 327 页。
③ ［宋］黎靖德编：《朱子语类》卷二十四，中华书局，1986 年版，第 601 页。
④ ［宋］黎靖德编：《朱子语类》卷九，中华书局，1986 年版，第 148 页。
⑤ ［宋］黎靖德编：《朱子语类》卷二十三，中华书局，1986 年版，第 551 页。
⑥ ［宋］黎靖德编：《朱子语类》卷九，中华书局，1986 年版，第 148 页。

行来实现，行以知来指导，所以知与行不可分离，而且知与行相辅相成，在现实中知与行的工夫必须齐头并进，这样才能“知之愈明，则行之愈笃；行之愈笃，则知之益明”①。由此可见，知与行不仅相互依赖，而且相互促进。在知与行并进互发的基础上，朱熹强调“以力行为重”，认为要获得真知必须要亲身实践，他说：“又不是随众略知之外别有真知，更须别作道理寻求，但只就此略知得处着实体验，须有自然信得及处，便是真知也。”② 在朱熹看来，格物所穷之理必须要在实践中检验和实行，才是真知。

在现实的生活中，理会与践行的过程实际上就是处理天人关系的过程，从自然生生之理的意义上来说，践行就是人以源自天地之理的仁心，来实践生生不已之天理，人通过认识活动把握“理”，通过自觉实践实行裁成辅相的功能来参赞天地之化育。所以说，在践行的过程中，要把握格物所得之理，掌握自然本身的规律“循理而行”，而不能“逆理而动”，朱熹的天人观落实在日用常行的实践中正体现了他对于人类与自然和谐发展的希望。

三、所以然之理与所当然之则

朱熹天人观提出要格尽天下之物，将理会与践行相结合，最终是为了把握“所以然之理”，完成“所当然之则”。在现实生活中，朱熹正是本着“循理而行”的实践来格自然之物，穷“所以然之理”，进而从自然界推到人类社会之中，明白“所当然之则”。

“所以然之理”包括天地自然万事万物之理，体现为天之理，地之理和人之理，纵贯宇宙，生命，自然之理，把握万物的“所以然之理”，是为了实现“所以然之则”。“所当然之则”指的是在处理自然与人类的关系，人与人的关系中，应当将把握的自然之理运用于实践中，形成应当遵循的原则。“所以然之理”体现了对于自然与人类关系的探究。朱熹天人观的实践认为应当以“圣人”为榜样，顺应天地生生之理，自觉地以自己的“仁心”来实现天地之“生意”，最终实现“与天地万物为一体”境地，这是天与人相即相融的“天人合一”思想，指的是人与宇宙天地万物之间和谐共生的状态，体现了人

① ［宋］黎靖德编：《朱子语类》卷十四，中华书局，1986 年版，第 281 页。

② 朱杰人、严佐之、刘永翔主编：《朱子全书》第二十三册《晦庵先生朱文公文集》卷五十九《答赵恭父》，上海古籍出版社；安徽教育出版社，2002 年版，第 2860 页。

类与自然的关系。所以，要想实现自然与人类的和谐之境，必须要掌握天地之所以然者之理，只有明白了所以然之理才能进一步循理而行。

朱熹极为注重对宇宙自然“所以然之理”的把握和运用。在现实实践中，他认为格自然之物必然能穷得自然之理，他以科学的态度研究自然，并取得很多重要的理论成就。举例而言，朱熹极为注重堪舆学，他把堪舆看作是格物对象的一种，认为堪舆学体现了天文地理与人类的关系，是天地“所以然之理”的一种。所谓“堪”指的是天，“舆”指的是地，堪舆学指的就是天地之学。在朱熹的天人观中，堪舆主要指的是对于地形地貌的观察和研究，以及观察地理形势是否符合天地之道。朱熹从格物致知的角度来看待堪舆学，认为人之道与天地之道是相通的，万物皆有理，而风水也是这样的，朱熹认为堪舆之学可以使人了解天、地、人之间的道理。现实中朱熹也确实曾有探查风水和卜葬择地之事，但是需要指出的是朱熹的堪舆学重在体现儒家的伦理价值取向，就是“通地天人曰儒，地理之学虽一艺，然上以尽送终之孝，下为启后之谋，其为事亦重矣”①。他认为选择殡葬的风水，是要后人以诚敬之心来对待逝去亲人的孝道行为，这是儒家的一种孝亲的伦理道德。所以朱熹对于堪舆学的基本认知就是，明白此地理风水之“所以然之理”，就可以推到人类社会的“所当然之则”，就是人应当遵循天地之理来选择“吉地”来“厚葬”亡故的亲人，来表达自己的孝道。

由此看来，“所当然之则”指的就是人们根据“所以然之理”所采取的符合理的规程和原则。就现实生活的实践来看，朱熹极为重视农业生产的发展，曾经多次在给朝廷奏章中提出对于农田耕作，牲畜保护以及南岳绿化等方面的建议，这当然是他在格物穷得“所以然之理”后，再推至人类社会所得出的“所当然之则”，认为人应当发挥自己“天地之心”的作用，而有所作为。例如，在现实的农业生产中，应当知晓自然界一草一木之理，了解农作物的耕种规律，什么时候种，什么时候收，这些都是要掌握的规律，在此基础上才能知道地之肥适宜种什么作物，地之硗适宜种什么作物，这就是“所以然之则”，可见是“所以然之理”在天人关系中的运用，渗透了人与自然和谐共生的思想。此外，朱熹还在《劝农文》中提到要农民务农不能耽误农时，这个“时”字正体现了要依据农业作物生长的时令，来耕田稼穑的

① 肖美丰：《朱熹风水堪舆说初探》[J]，齐鲁学刊，2010年第4期

"所当然之则"，所以他说："至于天下之物，则必各有所以然之故，与其所当然之则，所谓理也。"① 朱熹多次提及耕田稼穑之事要"用天之道，因地之利"，就是指在对于自然之物的实践中不能违背其自然规律，尊重自然之理，按照自然规律认识自然、改造自然，才能妥善处理好自然与人的关系，最终达到天与人的和谐共生的境地。

"天人观"的实践就是循理而行，正是因为人心与天理同原，所以人应当要尽心穷理来格物致知，进而践履力行，在实践中明"所以然之理"，完成"所当然之则"，就可以实现天与人和谐共生。

朱熹的天人观认为在处理天人关系时，人要本着"天人本只一理"的原则，实现"天人所为，各自有分"的功能，发挥"人者天地之心"的重要性，在实践中"循理而行"，并最终实现"天人合一"的和谐共生的境地。朱熹的天人观以天和人的关系为中心，既考虑到自然的化生万物，发育万物的作用，也充分体现人的价值，人是自然界的组成部分，人心内在地具有天地之仁，能体现自然界之生意，明白天地万物本吾一体的道理，就会在行动上促进自然万物的发展，实现天与人的和谐共生，平衡发展。

朱熹自然观的主要内容包括"宇宙观""生命观"和"天人观"，体现出其对于浩瀚宇宙、芸芸众生和玄妙自然的探索及追究，其中，"宇宙观"是关注于茫茫天际，体现了朱熹对于宇宙天体，自然现象的观察和思考；"生命观"从生命的本原和形成来探究生命的意义和价值，注重生命存在的道德意义，尊重生命的德性价值；"天人观"核心就是与自然万物和谐共生，人类要体现天地之"仁"，发挥自己的主体性精神，以"循理而行"来赞天地之化育，洋溢着积极有为，自强不息的进取精神。

朱熹的"宇宙观"是对于北宋五子的自然思想的吸收和借鉴，突出了理与气在宇宙中的关系，认为"理"是宇宙的本原，是宇宙万物产生的根源和依据，"气"是宇宙形成和演化的物质因素，气的摩擦、碰撞、凝结的运动变化是宇宙产生和演化的动因，而气的运动变化正是"太极"之理所赋予的，因此，从根源上说，宇宙的形成正是源于太极之理。朱熹以哲学的视角来探讨宇宙的生成和演化，对于天体的形成、有宇宙的结构、宇宙的时空运动等

① 朱杰人、严佐之、刘永翔主编：《朱子全书》第六册《四书或问·大学或问》，上海古籍出版社；安徽教育出版社，2002 年版，第 512 页。

方面都做了积极的探索，并在当时科学的基础之上有所创新，特别是关于宇宙的形成与结构，朱熹在传统的“浑天说”的基础上，联系气的运动变化，认为天与地的形成都是气的急速运动而形成，正是由于形成“天”的清刚之气的高速运动形成一种维系力量，使得重浊之气形成的“地”不下坠，这在一定程度上，蕴涵现代科学中动力学的合理因素，极具现代价值。此外，朱熹对于一些气象现象也提出解释，其中有许多观点与现代科学相吻合，虽然也有一些是主观臆测的成分，但是我们不能以现代科技的标准来要求身处十二世纪的朱熹，就当时的时代和科技而言，朱熹的自然观中的很多知识就已经是当时关于自然认知的巅峰了，而在这个峰顶上，朱熹进一步以哲学的视角来探讨自然的本源，宇宙的本原，正是体现了他作为一位伟大的哲学家的思辨精神，也是体现了在他身上人文精神和科学精神的完美结合。

朱熹的“生命观”认为万物生命都是源于“理与气合”，生命存在是个自然的过程，必然有生有死，就像昼夜交替那般自然和必然，不必忧生惧死，也不必趣死厌生，应当顺其自然，注重生命的存在，体现生命的价值，实现生命的道德意义。朱熹的生命观强调生命蕴含的道德精神，突出人类应当培育和充实生命固有的善性，来实现生命价值，人不能放纵自己的私欲，应当轻视物质生活，体现了理性控制感性的道德自律精神。朱熹的“生命观”强调的是感性的仁爱与理性的道德的合一，在现实生活中，朱熹很是关注寻常百姓的生命存在，在《文集》中记载了朱熹写给林择之的信，其中写道：“熹以崇安水灾，被诸司檄来，与县官议赈恤事……殆不复能为怀”[①]，说的就是自乾道三年（1167）七月的时候，在崇安爆发大水灾，很多百姓流离失所，当时的州官传檄当时任待次武博的朱熹，与县官一起商讨赈恤事宜，本来朝廷的赈灾使者张榜宣扬要施米十天，但是事实却是赈米之车仅仅是匆匆而过，真正在深山穷谷的饥民和灾民并没有获得赈灾的米粮。朱熹在荒山穷谷中奔波十天，亲眼看到州官不顾百姓的死活和百姓受灾的惨状，这些都深深地触动了朱熹，他写道：“阡陌纵横不可寻，死伤狼藉正悲吟。若知赤子元无罪，合有人间父母心。”[②] 这首寄给蔡元定的诗作充分显示了朱熹为百姓的悲惨状

① 朱杰人、严佐之、刘永翔主编：《朱子全书》第二十二册《晦庵先生朱文公文集》卷四十三《答林择之书》，上海古籍出版社；安徽教育出版社，2002 年版，第 1963 页。

② 朱杰人、严佐之、刘永翔主编：《朱子全书》第二十册《晦庵先生朱文公文集》卷十《杉木长涧四首》，上海古籍出版社；安徽教育出版社，2002 年版，第 550 页。

况而极度痛苦的情怀，这种痛苦正是源于他对于现实生命的关注。所以说，朱熹的生命观不仅体现了朱熹对于人类整体生命的哲思，也体现了他对于现实生活中，个体生命存在的关注。当然这种关注是对生命存在的关注，但是就生活的层面而言，朱熹表现出极其轻视物质生活的倾向，反对人对于物质生活的追求，而侧重于人的精神境界的完善。

朱熹的“天人观”认为天与人本原相同，人是“天地之心”，将天地生生之“仁”与人的“仁心”“仁德”联系起来，诚如钱穆先生所说的：“朱子专就心之生处心之仁处着眼，至是而宇宙万物乃得通为一体。当知从来儒家发挥仁字到此境界者，正惟朱子一人。”① 可以说，朱熹的“天人观”洋溢着“人”身为“天地之心”的主体精神和奋发有为的自强精神，就在于人能够参赞天地之化育，人能与天地万物为一体。人实现“天地之仁”，就在于以仁心和仁德来对待自然，尊重生命，关爱自然，在一定程度上，体现了人的主体性价值和人的主导性作用，但是，将实现“天地之仁”与自然万物和谐共生之举，建立在人的“循理而行”的实践中，将实现“天地之仁”的所当然之则的实践建立在对天地之“所当然之理”的认知上，认为发挥至善的“仁”，就可以自然地知行合一，来实践“仁”，具有理论上的可行性，而在现实生活中忽视了客观因素的影响，无视经济发展和社会建设对于人的道德激励作用，而寄希望于个体道德感的幡然觉醒，不免有失偏颇。

总的来说，朱熹的自然观由于时代的限制和自身理论的缺陷，尚具不足之处。然而，他的自然观将宇宙、生命和天人关系纳入理论的视域，体现他的哲学关心自然、重视生命的思想特色，而朱熹自然观的产生和形成也离不开朱熹对于佛家和道家思想的吸收和创新。

① 钱穆：《朱子学提纲》，生活　读书　新知三联书店，2002 年版，第 56 页。

第五章　朱熹自然观对于佛家道家思想的融合吸收

朱熹的自然观是吸收中国传统的自然思想，汲取宋代自然科学知识与北宋五子自然哲学思想等而形成的，既体现了朱熹对于传统自然哲学思想的领会，也包含了他对于宇宙、生命、天人关系的哲学思考。朱熹的自然观既是对于儒家自然哲学思想的汲取，也有对于佛家、道家等相关思想的融合和吸收。本章将联系朱熹与佛家道家的关系，从宇宙观、生命观和天人观三个方面分析朱熹的自然观是如何实现对于佛家和道家思想的借鉴、吸收和超越的。

第一节　朱熹与佛家道家的关系

朱熹的自然观在很多方面都体现了他的思想对于佛家、道家思想的吸收。朱熹与佛家、道家的关系较为复杂，就现实来说，朱熹早年有数年的时间对于佛家、道家思想的兴趣非常浓厚，后来他师从李侗“逃禅归儒”，以儒家正统自居，集理学之大成，并成为继孔孟之后最杰出的大儒，但是佛家与道家思想的影响已然深入朱熹的思想之中。

一、朱熹出入佛老的现实经历

朱熹所生活的环境不仅是理学气氛浓厚，而且也充满佛道之气，朱熹生平有数年的时间出入佛老，与佛家、道家的思想有着现实的接触。

朱熹年幼之时，主要是受学于其父朱松，朱松不仅亲自教育朱熹以儒家思想，而且朱松本人就耽好佛老，他不仅潜心研究佛学经典，而且与当时的衲子缁流、羽客道士也都广有交往。此间，与朱松交游的禅师与道士给当时尚且年幼的朱熹留下了对于僧人和道士的最初印象，当然，这些印象并不坏，所以即使是在后来朱熹与佛学论战之时，他也认为佛门之中也并非都是大言欺世之人，也存在有言行收敛的僧人，比如朱熹说："先君子少日喜与物外高人往还，而于净悟师为尤厚……其言收敛确实，无近世衲僧大言欺世之病。以是知先君子之厚之，非苟然也。"① 可以看出，幼年之时朱熹对于佛家众人的最初印象。与此同时，朱熹的母亲祝氏也是一位信佛之人，朱熹说她"德性特似公，其行事自见家传"②。她常年茹素礼佛的生活方式，对于陪伴在其左右的朱熹肯定也产生不可小觑的影响，可以说正是家庭中的这种氛围为朱熹后来出入佛、老提供了思想上最初的契机。

绍兴十三年，朱熹的父亲朱松离世，十四岁的朱熹遵从父亲遗嘱，拜当地名儒刘子翚、刘勉之和胡宪为师，他从学三先生主要是研经习儒。虽然三先生是当时著名的儒学名家，但是三先生都是爱好佛老之学的理学家，所以他们一方面尊崇儒学，另一方面却在思想上不自觉地向佛老之学靠拢，可以说他们所传授给朱熹的理学思想，本身就渗透了浓厚的佛老气息。特别是刘子翚，虽说并不是直接向朱熹灌输禅学思想，但是他的佛老思想是渗透在他的理学思想中的，刘子翚的代表作《圣传论》总的思想就是要建立自己的理学体系，而这个理学体系是儒兼佛老的。后来甚至有一次，门人杨道夫问朱熹："如《十论》之作，于夫子全以死生为言，似以此为大事。"③ 此处的《十论》指的就是刘子翚向朱熹传授理学《圣传论》，杨道夫认为刘子翚此书中全以死生为大事，意即落入佛家思想之窠臼。朱熹本人也承认说："他本是释学，但只是翻誊出来，说许多话耳。"④ 此处指"他"指的就是刘子翚，就是说刘子翚的思想有很多是直接来自佛学。事实也确实如此，刘子翚本人甚至认为佛老的圣人也是属于道统之内的。同样的，刘子羽和胡宪也在不同程度上耽好佛老。正是由于以上种种原因形成了朱熹既热衷于儒学，同时对于佛道之学也产生了浓厚兴趣。

---

① 朱杰人、严佐之、刘永翔主编：《朱子全书》第二十四册《晦庵先生朱文公文集》卷八十四《书先吏部与净悟书后》，上海古籍出版社；安徽教育出版社，2002 年版，第 3970 页。

② 朱杰人、严佐之、刘永翔主编：《朱子全书》第二十五册《晦庵先生朱文公文集》卷九十八《外大父祝公遗事》，上海古籍出版社；安徽教育出版社，2002 年版，第 4572 页。

③ ［宋］黎靖德编：《朱子语类》卷九十六，中华书局，1986 年版，第 2476 页。

④ ［宋］黎靖德编：《朱子语类》卷九十六，中华书局，1986 年版，第 2476 页。

在家庭的佛老气息和三先生融合佛老的理学影响下，朱熹有数年的时间出入佛老，他与道谦禅师甚为交好，直接接受佛家思想。他曾说："某年十五六时，亦尝留心于此。一日在病翁所会一僧，与之语。其僧只相应和了说，也不说是不是，却与刘说；某也理会得个昭昭灵灵底禅。"[①] 这正体现出朱熹自十五六岁时就对佛学产生浓厚兴趣，甚至对于佛家之说还深有体会。道谦是大慧宗杲的高徒，武夷三先生与道谦是诗友兼禅友，所以朱熹也常常与他论道参禅，思想不免受其影响，据束景南先生考证，朱熹"从弱龄（二十岁）以后到中年以前他一直往返于密庵，其中包括了绍兴二十一年到二十五年的一段师事道谦时期，他的学禅确实'求之亦切至矣'"[②] 与此同时，朱熹也广泛接触道家思想，例如，绍兴二十一年朱熹入都参加考试，在临安时结识"道士虚谷子刘烈，同他论《易》学，问金液还丹修炼之法，细读了虚谷子的《还丹百篇》"[③]。后来朱熹著《参同契考异》正是渗透了虚谷子论丹思想的影响。此外，朱熹所著的《周易本义》，就体现了对陈传之说和邵雍象数学的继承。众所周知，陈传是北宋时期比较有名的道士，而且邵雍与道教渊源颇深，可见得道教思想对朱熹的影响。在现实生活中，朱熹和道教也有直接关系，他曾主管过台州崇道观和武夷山冲佑观等道观，多少也反映朱熹与道教之间的关系。

总之，正是与佛家道家思想有着现实的接触和认真的学习，所以佛家和道家的思想已经深入朱熹思想之中，即使他后来批佛批道，但是佛家和道家思想对于其哲学的影响还是比较大的。

二、朱熹对于佛家和道家思想的批判

朱熹生平有一段特殊的时期认真学习佛老思想，也汲取了佛家和道家的思想，然而佛老的思想并不是朱熹哲学的最终归宿，在经历了一段"逃禅归儒"的挣扎后，朱熹终于走上反佛崇儒之路，终身以儒者自居，建立起博大而精深的理学体系，实现了儒学的创新与重建。

朱熹在师事李侗之前，出入佛老十余年，在这期间，朱熹对于佛家道家

---

① ［宋］黎靖德编：《朱子语类》卷一百零四，中华书局，1986 年版，第 2620 页。

② 束景南：《朱子大传》，福建教育出版社，1992 年版，第 104 页。

③ 束景南：《朱子大传》，福建教育出版社，1992 年版，第 95 页。

的思想颇感兴趣，对于佛家道家的典籍也认真地研读。据《朱子语类》记载，朱熹看过的佛道典籍很多，包括《四十二章经》《大般若经》《楞严经》《圆觉经》等，以及《老子》《庄子》《阴符经》《周易参同契》等等。正是因为博览佛道之典籍，深刻理解佛道的基本理论知识，所以在后来对于佛道的批判中，朱熹很能抓住佛道的时弊和要害。

隆兴元年（1163）被誉为“佛日”的宗杲去世，当时祭奠宗杲的规模盛大无比，席卷丛林朝野，同时佛家之说在士大夫中更为泛滥，而朱熹正是在这样的环境下，掀起与佛学的论战。他认为佛家之说的大肆盛行就像洪水猛兽一样，危害巨大；他认为佛教的盛行会导致“至于二帝三王述天理、顺人心、治世教民、厚典庸礼之大法，一切不复有行之者”①；认为佛家思想破坏伦常，毁坏伦理，将先贤圣王的治世教民的大法破坏殆尽。甚至，朱熹认为相较于道家思想，“禅学最害道。庄老于义理绝灭犹未尽。佛则人伦已坏。至禅，则又从头将许多义理扫灭无余。”② 道家学说已经是极其绝理灭义的，但还没有毁灭殆尽，而佛学的影响造成了人间伦理道德的破坏，发展到禅宗时，禅宗的危害更是巨大，简直就是从根本上将世间的义理消灭得干干净净，丝毫不留。朱熹认为在佛家思想中，禅宗最是毁人伦，最是灭义理，故而禅宗的危害最大。

朱熹就佛家的历史开始批判，认为佛教在中国的发展就是“后汉明帝时，佛始入中国……直至晋宋间，其教渐盛。然当时文字亦只是将庄老之说来铺张，如远师诸论，皆成片尽是老庄意思”③。他认为佛学最初是在后汉之时传入中国来的，后来佛学虽有发展，但是这种发展并不是自身理论上的创新，而只是发明道家思想而已，将老庄的学说铺张开来，所以并无新意，只是老庄思想的另外之表达而已，这就从根本上否定了佛学的理论基础。及至后来，达摩来到中国，创立禅宗，更是毁义灭理，不立文字，直指人心，工夫易简，易作易为，这就是朱熹认为佛学之所以盛行的原因，就是因为其自身的理论简陋，相较于儒家的修养功夫，佛学更加易行易做，所以得以大为流行。朱熹认为佛家思想并无高明之处，就是佛家所说的“心”，也只是“释氏先知

---

① ［宋］黎靖德编：《朱子语类》卷一百二十六，第3009页。

② ［宋］黎靖德编：《朱子语类》卷一百二十六，第3014页。

③ ［宋］黎靖德编：《朱子语类》卷一百二十六，第3011页。

死，只是学一个不动心。告子之学则是如此"[①]，源头也只是来自告子之说。

朱熹认为佛家不识天地之理，"亦说天地开辟，但理会不得。其经云，到末劫人皆小，先为火所烧成劫灰，又为风所吹，又为水所淹。水又成沫，地自生五谷，天上人自飞下来吃，复成世界"[②]。朱熹认为佛家的很多思想都是胡说乱道，他认为佛家以"劫"来解释天地形成、生命的产生，根本是毫无道理可言，这是佛家不懂天地之理，不明自然之道的胡说，佛家所说的劫数是不懂阴阳化生万物，所以是根本理会不得的。进而，在生命存在的问题上，朱熹批判佛家不注重生，而重死，在他看来，"'人，生物也，佛不言生而言死；人事可见，佛不言显而言幽'。释氏更不分善恶，只尊向他的便是好人，背他的便入地狱"[③]。佛家不理生命存在的时候，而是注重死后的世界，既然有生之时都不去好好把握，积极进取，有所作为，只是一味关注人死后的归宿，由此可见佛家不明人之所以为人的道理，因为生命就是一个自然的过程，人死了就是形成生命的气消散了，并无神秘之处，对于生命而言，最重要的就是在生命存在的时候，完成人应当完成的责任，积极实现生命的德性价值。而佛家只是关注死后，显然是不知道人的生命存在的道理，不实现现世的责任，而将希望寄托于来生，不追求现实的人生的意义，而追求彼岸的幸福，这些都是因为佛家不懂生命之理而造成。

在现实的人性上，朱熹认为佛家思想不分人的善与恶，在佛家看来，只要尊佛信佛的就是好人，而背佛妄佛的就要下地狱，是坏人。就是说，佛家并没有正确的是非观，不知道人性善恶的成因，所以佛家不明善与恶，不辨是与非，而只是一己之私作为世间善与恶的标准，故而佛家没有是非，佛学是自私的学问。并且，朱熹进一步质疑佛家所说的慈悲之心，他说："盖佛氏之所谓慈，并无缘由，只是无所不爱。若如爱亲之爱，渠便以为有缘；故父母弃而不养，而遇虎之饥饿，则舍身以食之，此何义理耶！"[④] 在朱熹看来，佛家所谓的慈悲根本毫无缘由，并无义理可言，既然自己的生身父母都可以弃之不顾，又怎么会以慈悲之心来舍身喂虎呢？在朱熹看来，这是难以理解的，继而朱熹从儒家的仁爱之理出发，认为不爱亲而以慈悲之心待物是不现

---

① ［宋］黎靖德编：《朱子语类》卷一百二十六，第 3024 页。

② ［宋］黎靖德编：《朱子语类》卷一百二十六，第 3025 页。

③ ［宋］黎靖德编：《朱子语类》卷一百二十六，第 3025 页。

④ ［宋］黎靖德编：《朱子语类》卷一百二十六，第 3031—3032 页。

实的。

至于道家，朱熹认为道家的产生是“及世之衰乱，方外之士厌一世之纷挐，畏一身之祸害，耽空寂以求全身于乱世而已”[①]。他认为道家最初的产生是因为身逢乱世，为了躲避祸害，保全生命，所以就体现为“耽空寂”以求全身于乱世。朱熹对于道家产生的历史不免有主观臆测的可能，但是确实体现了他对于道家因为“畏一身之祸害”，而求得乱世保身之说的不认同。所以他说“老子之学，大抵以虚静无为、冲退自守为事。故其为说，常以懦弱谦下为表，以空虚不毁万物为实”[②]。此处就是进一步认为道家之说缺乏儒家的自强不息的进取精神，和“为天地立心，为生民立命”的责任感，而流于自私其身的弊端。

进而朱熹加以总结，“佛氏之失，出于自私之厌；老氏之失，出于自私之巧。厌薄世故，而尽欲空了一切者，佛氏之失也；关机巧便，尽天下之术数者，老氏之失也”[③]。可见朱熹正是在熟知佛学、道学的基础上对于佛道加以批判的，正是因为了解，所以朱熹能切中佛家、道家之理论要点，认为佛家思想的“空”是完全没有道理的，只是厌弃自身生命存在之说，乃是自厌之说；而道家思想在朱熹看来只是自私之说，“老氏只是要长生，节病易见”，只管自身，不理他人，过于求巧，沉迷心术。

总之，朱熹看来，佛家和道家都是有很多弊端的，而形成这些弊端的根本原因就是佛家与道家的思想都是没有“义理”的，在实质上都是流于“空寂”，而不像儒家的思想，“儒者之学则有许多义理，若看得透彻，则可以贯事物，可以洞古今”[④]。儒家之学因为义理完备，所以能知晓天地之理，洞悉自然之道，所以说儒家之说才是正统，才是真正的学问。后来，朱熹以继承儒家“道统”自居，专以儒学为本，但是佛家道家的思想已经在朱熹的哲学思想中留下了不可磨灭的痕迹，尤其是在朱熹的自然观中，佛家道家的思想有巨大而不可忽视的影响。

---

① ［宋］黎靖德编：《朱子语类》卷一百二十五，第2993页。
② ［宋］黎靖德编：《朱子语类》卷一百二十五，第2986页。
③ ［宋］黎靖德编：《朱子语类》卷一百二十六，第3013页。
④ ［宋］黎靖德编：《朱子语类》卷一百二十六，第3018页，

第二节 朱熹宇宙观对于佛家道家思想的吸收

朱熹不仅精通于儒学，而且在佛家思想和道家思想方面也颇为了解，不仅在现实中与佛道皆有交往，而且对于佛道之说也知之甚深，还将佛道的思想精髓吸收入自己的思想中，对于儒学的发展和创新有着不可忽视的作用。朱熹的“宇宙观”在宇宙的生成和演化等方面吸收了佛家、道家的合理因素，并将之与儒家学说融合创新，形成自己的宇宙观。

一、宇宙观对于佛家思想的吸收

朱熹的宇宙观认为“理是万物之一原”，气的运动变化构成了丰富多彩的世界，宇宙间充满了气，悬浮在气中的地在天中，阴阳之气变化形成宇宙的运动。

佛教的宇宙观指的是世界观，“世”与“界”就是佛家认为的无量空间与无限时间的综合称谓。佛经中说，“世为迁流，界为方位。汝今当知，东、西、南、北、东南、西南、东北、西北、上、下为界，过去、未来、现在为世”①。“世”指称的是时间，而“界”指称的是空间，所以，佛家之世界观指的就是宇宙观。朱熹所谓的“宇宙”就是“四方上下曰宇，古往今来曰宙”，故而，宇宙是个时间空间的统一体。因而就实质来说，朱熹的“宇宙观”和佛家的“宇宙观”大抵上指的都是时间与空间的统一体。

在宇宙本原的认识上，宇宙的本原指的是对于宇宙形成的最本初，最原始的根本的探索与依据。在佛家思想的发展史上，关于宇宙本原的看法一直是在发展的，最初以气、道，继之以本无、法性，之后归结为以理、心为本原。其中，宇宙本原最具代表性的看法就是“心起万法”，认为世界万有都是源自宇宙之心，所谓“宇宙的心”，指的就是“认为众生的心原是离开妄念而有其体的，可谓‘真心’。真心是大智慧光明的、遍照世界的、真实识知的，甚至是具足了超过恒沙不可思议功德的。这个真心就是宇宙的心”②。所以，佛家认为“心起万法”，认为心是世间万事万物的本原，宇宙世界中各种现象

① 赖永海、杨维中译注：《楞严经》卷四，中华书局，2010年版，第158页。

② 方立天：《佛教哲学》，中国人民大学出版社，1991年版，第145页。

的本质是“空”，这个空就是宇宙间无常变易而且不断灭的本性，而且世间万事万物都是心生之妄。在朱熹的宇宙观中，他认为宇宙的本原是理，理是宇宙万物得以生成的依据，朱熹宇宙观中的“理”同佛家的宇宙本原的“心”很是类似，是各自哲学的最高范畴，都具有超越时空的，绝对精神实体的特点。朱熹也曾说过佛家思想是“直指人心，见性成佛”，虽然他说及此是为了要批判禅宗的修养功夫易简，但是也确实针对佛家思想的根源所在，实际上佛家的“心”与朱熹的“理”并不相同，但是在宇宙本原这一特点上，确是都体现出为“天地之本”的含义。

对于宇宙的形成，佛家认为宇宙一切的存在，都是“缘起性空”，就是说宇宙万物的存在都由各种条件的组合而生。“缘起”指的是宇宙之间万事万物的互相联系、互为因果的关系，“性空”指的是依靠众缘组合而产生的宇宙万事万物，都是没有真实的本体，故而缘聚则生，缘散则灭，就是“此有则彼有，此生则彼生；此无则彼无，此灭则彼灭”，当然，宇宙的形成也是这“缘起”的结果。宇宙生成的推动力则是因为“虚空风起是众生共同造的业力的结果，由于有众生业增上力激发风起，而佛教的所谓‘业’（kamma），是指能支配行为或造作的众生的意志力”①，所以，佛家讲宇宙生成的第一推动力就是众生本身的意志力。在朱熹的宇宙观中宇宙万物的形成是“理与气合”的结果，理是万物生成的根据或本原，是“生物之本”，气是万物生成的质料，是“生物之具”，气的运动变化构成了丰富多彩的世界。可见朱熹所说的“气”和佛家所说的“业”作用差不多，而性质却有着天壤之别，朱熹的气是形而下的物质性存在，而佛家认为世间一切皆是精神的产物，两相比较，可以看见各自思想的注重点之所在，以及各自理论的特点，可以看出朱熹所认为的气的运动是宇宙生成和演化的动力还是很符合现代科学原理的。

关于宇宙的结构，佛家的认知也非常丰富，在佛家看来，无限的空间和无限的时间交织成无限的宇宙，可以称之为宏观宇宙。在这宏观的宇宙中，存在着过去世，未来世和现在世三个不同的时间存在，也存在着东、西、南、北、东南、西南、东北、西北、上、下等不同的空间存在，而这种种世与界就组成了“众生世界”，就是佛经中所说的，“东、西、南、北、东南、西南、东北、西北、上、下为界；过去、未来、现在为世”，除此众生世界，佛家宇

① 马忠庚著：《佛法与科学》，社会科学文献出版社，2007 年版，第 94 页。

宙观还认为存有“三千大千世界”之说，“如一小千世界，尔所小千千世界，是为中千世界。如一中千世界，尔所中千千世界，是为三千大千世界”[①]。由此可以看出，在佛家思想中宇宙是浩瀚无垠的，在空间上是无量无边的，在时间上是无始无终的。相较于佛家宇宙结构的观点，朱熹的宇宙结构观则更加体现出物质属性来，也更体现出自然科学技术的影响，在宇宙的结构上，朱熹认为宇宙间充满了气，圆如弹丸的天包地，悬浮在气中的地在天中，天地之间有许多日月星辰、山川草木、人物禽兽。可以看出，朱熹与佛家都认为宇宙是可以划分为不同的结构的。

佛家认为宇宙的运动是相对的，佛经中有言，“云驶月运，舟行岸移”，这里说的就是由于参照之物的不同，所以宇宙中物体呈现出来的运动形态也因此是不同的。朱熹在论及宇宙的运动时，也认识到了运动具有相对性，比如朱熹认为北极星在天体中岿然不动，所以是天之枢轴，可是后来朱熹又认为极星也是运动的，只是“虽动而不觉”而已，这就是说就物体运动而言，因为参照物的不同，运动与静止的状态是相对的。至于变与化的观点，朱熹也基本认同佛家所说的看法，他说：“若论变时，天地无时不变。如《楞严经》第二卷首段所载：非惟一岁有变，月亦有之；非惟月有变，日亦有之；非惟日有变，时亦有之，但人不知耳。此说亦是。”[②] 此处更是直接应用佛家经典来阐述自己的观点。

此外，佛家经典《华严经》提到的“须弥山微尘数风轮所持”，认为宇宙万物之间存在着相互影响的力量，这种影响就像“风轮”一样，在相互摄持，虽然人无法看见此“风轮”，但是却具有力量，能相互吸引与维持的。在朱熹论证“地”在天中而不坠时，也提到了相似的观点，认为地不坠乃是由于形成“天”的清刚之气的高速运动，形成一种维系力量，来使以粗浊之气形成的“地”不下坠。

总的来说，朱熹宇宙观对于佛教思想的吸收主要表现在宇宙的本原、宇宙的形成、宇宙的运动等方面，也体现了对于佛家思想的超越和发展。

---

① 中国佛教文化研究所点校：《长阿含经》第四分卷，宗教文化出版社，1999 年版，第 318 页。

② ［宋］黎靖德编：《朱子语类》卷七十一，中华书局，1986 年版，第 1788 页。

二、宇宙观对于道家思想的吸收

朱熹认为理是天地万物的本原和存在的根据，是形成万物的阴阳之气存在的根据，这是对道家道本论的吸收，特别是朱熹关于宇宙运动的观点，有些也吸收和改造道家的宇宙运动的观点。

朱熹的宇宙观对于道家思想的吸收，主要是集中在道家的宇宙本原、宇宙形成以及与宇宙动静观方面。道家认为宇宙的本原是“道”，老子的道是其本体论的最高范畴，他提出“道生一，一生二，二生三，三生万物”①，认为道是宇宙本原，世界万物都由它产生。而且，道是自然的法则，是所以生长万物的主宰。宇宙的本原之道是永恒的，不受时间与空间的限制，具有“独立而不改，周行而不殆”② 的特点。在朱熹的宇宙观中，理是万物之本原，此处之“理”与老子之“道”都具有本原的意义，是宇宙产生的本原，是万物生成的依据。朱熹之理与老子之道具有相似的特性，老子的“道”是“视之不见”，“听之不闻”的存在，朱熹之“理”则是“无形体”“无方所”“无情意”“无造作”的存在，由此可见，两者都是形而上的存在，都是精神本体。但是朱熹的“理”毕竟不同于老子之“道”，朱熹反对老子将“道”看作为“虚极”“静笃”的存在，认为老子的“道”是超脱于现实之外的存在，所以脱离了世间人物，最终将导致虚无寂静。但是，朱熹的“理”则不同，理与天地万物联系起来，理不仅是宇宙之理，更是体现为“天地之理”，而且在现实生命中就是体现于人心之“仁”。

关于宇宙的形成，老子的基本观点就是认为“天下万物生于有，有生于无”③，认为宇宙天地皆始于“无”，而宇宙万物的具体形成过程就是“道生一，一生二，二生三，三生万物”。在朱熹的宇宙观中，气是生物之具，既是万物形成的物质要素，也是宇宙生成的材料和质素，气在天地之间，可以分为阴阳，进而生五行以化生万物，他认为宇宙形成的模式就是“太极—阴阳—五行—万物”，而实质就是“气—质—物”的化生过程，朱熹认为因为理与气合，太极生阴阳，阴阳生五行，进而化生万物。朱熹指出“无极而太极”

① 老聃著：《老子》第四十二章，哈尔滨出版社，2004 年版，第 118 页。
② 老聃著：《老子》第二十五章，哈尔滨出版社，2004 年版，第 70 页。
③ 老聃著：《老子》第四十章，哈尔滨出版社，2004 年版，第 112 页。

不是说在太极之上还存在有个无极，而是说就太极的特性而言是无极的状态。他认为老子的“天下万物生于有，有生于无”的观点将“理”与世界分割开来，所以在解释周敦颐的《太极图说》时，他提出周敦颐的“无极而太极”指的是无形而有理，并不是太极之上别有一个无极，认为周敦颐所说的无极、太极，是“有”与“无”的统一，是不可分割的统一体。虽然说朱熹并不同意道家提出的宇宙生成模式，虽然他进而提出宇宙万物的化生，是气与理合的结果，但是就朱熹的宇宙生成观总体来看，他的宇宙生成观以“太极”作为总天地之理，认为宇宙形成就是“太极—阴阳—五行—万物”的模式，可以看出道家的宇宙生成模式的影子。

关于宇宙运动的形式，道家的思想也非常丰富。老子对于动静的基本观点就是，动是暂时的，而静则是根本的，认为宇宙天地的具体存在是处在变动之中，宇宙万物的运动是循环往复的，就是所谓的“反者道之动也”的观点。运动的根本则是静止，静止支配运动，在老子看来，静就是道，是万物之根本，所以万物应当归于道的本原，就是回到永恒的静止之道，就是老子所说的“夫物芸芸，各复归其根。归根曰静”①。后来庄子的宇宙运动观，在动与静的观点上继承老子的动静观并加以发展，庄子认为“物之生也，若骤若驰，无动而不变，无时而不移”②，就是认为宇宙万物无时无刻不在运动和变化，但是他又在《天道》篇中提出“静而圣，动而王”的观点，认为动与静一样重要，两者之间互为依赖，缺一不可。总的看来，道家在宇宙运动的看法上，特别是在运动与静止的认知上，主要是认为静是宇宙天地的本原状态，但是现实具体存在状态则是处于运动之中，这种以静为主的思想对于朱熹也有着不可忽视的影响。在朱熹的宇宙运动观中，气是宇宙万物的物质性根源，是实体性的存在，所以气具有一切物质的根本属性，就是运动，正是气的运动发挥太极之理进而化生宇宙万物，促使宇宙结构的形成。而气的运动形式就是“动与静”“变与化”。朱熹认为因为“理有动静，故气有动静，”动与静的产生是太极之理决定的，运动与静止无先无后，是一个无限连续的过程，动与静相互依存的，其中朱熹更为强调静的重要性。由此可以看出道家思想的重要影响，具体体现在朱熹认为宇宙万物有动有静，但是在存在状

① 老聃著：《老子》第十六章，哈尔滨出版社，2004年版，第44页。
② 孙海通译：《庄子·秋水》，中华书局，2007年版，第142页。

态上动与静是不分先后的，但是在动与静的重要性上，朱熹认为是“以静为本”，强调“静主动客”的思想，确实是离不出道家的“静为躁君”思想的影响。

综上所述，朱熹的宇宙观对于道家思想也有颇多的吸收，主要是在宇宙本原的观点上吸取道家“道”的本体论思想因素，在宇宙形成和宇宙运动的观点上，也体现了对于道家“太极说”和道家“动静观”的影响，所以说朱熹的宇宙观是在对道家思想的吸收和改造的基础上加以发挥和创新而形成的。

第三节　朱熹生命观对于佛家道家思想的融合

生命观指的是对于生命的看法，所谓的生命以人的生命为主，也包括自然界的一切有生命者。朱熹的生命观强调理是生命的本原，生命是由气形成的，生命有过程以及生命的价值等方面，也体现了对于佛家道家生命思想的吸收和超越。

一、生命观对于佛家思想的融合

朱熹的生命观穷自然生命之理，认为万物皆受气而生，生命源于气的阴阳交错变化，生与死都是必然的，生命的价值主要体现于人的道德，所以要培育和充实生命的内在善性。朱熹的生命观也吸收了佛家生命观的一些合理因素。

首先，体现在生命的本原和形成的问题上。佛家所谓的生命，从狭义的范围来讲指的是人类，而从广义的范围上来讲是指六道众生，一切生物。对于生命的产生和形成，佛家认为生命是五蕴和合的产物，“五蕴”是对宇宙世界中组成生命存在因素的概括，具体就是指色、受、想、行、识。佛家提出众生生命都由这五种因素组成，人类生命的形成也是由这五蕴构成，而产生之过程就是五蕴经由一定的因缘所和合而产生，所以说缘聚则有，缘散则无，而当五蕴离散，生命就幻灭了，认为生命并没有独立的，不变的实在之体，就像佛经中所说的，“一切有为法，如梦幻泡影，如露亦如电，应作如是观”①，意思是宇宙世界的一切，都只是幻觉与泡影，就像晨露和闪电一样转

① ［明］朱棣集注：《金刚经集注》，上海古籍出版社，1984 年版，第 287 页。

瞬即逝，所以说生命的存在是虚幻的，生命的本质则是空的。朱熹的生命观认为世间万物皆受气而生，气化是生命形成的过程，朱熹对于佛家的“性空”之说，很不认同，他说：“若佛家之说都是无，已前也是无，如今眼下也是无，‘色即是空，空即是色’。大而万事万物，细而百骸九窍，一齐都归于无。”[①] 佛家所说的“空”实际上就是指无物的存在，是真的无，也就是说佛家认为不但宇宙天地是幻妄，而且人的生命也是虚幻的，一切都是空虚寂灭，朱熹认为既然一切都是虚幻，那么佛家“不知他所谓见者见个甚的?”极力批判佛家之“空”。虽然说，朱熹对于佛家生命形成的看法并不尽然正确，但是体现了他要弘扬儒家伦理，在生命产生和形成的观点上，肯定生命的现实存在和意义。就生命的产生来说，佛家所谓的“空”并非如朱熹所说的无物，池田大作先生就认为佛家所说的“空”“就是蕴含着可以产生各种物的空间”，也可以说“是蕴含着无量的潜在力、无限的创造力的‘生命空间’”，所以说佛家的“空”强调的是“万物是从这个‘空’的状态中产生，又不断地毁灭”[②] 的状态，就是认为佛家的“空”有点类似于爱因斯坦的“场”的理论，就是说一切空间有为产生物而发生作用的法则，而这种法则所发生作用之处就是“空”。在生命的本原和形成的问题上，朱熹对于佛家思想的借鉴并不是直接加以吸收，而是从看到佛家生命形成观的合理之处，在对其的批判中形成自己的生命形成的观点。

其次，佛家认为生命的过程是一种轮回的生命循环。佛家认为生命在“六道”中轮回，处于生死循环不已的状态，佛经有云：“生死，死生，生生，死死，如旋火轮。”[③] 在佛家看来，生与死都不是生命的最终归宿，都只是生命轮回中的一个阶段。人的生命由于在前世、今世、来世因不同业感而招致不同的果报，众生因业力的不同而形成生命存在的时空和生命状态的不同，所以在三界六道之中无穷流转，就是在“六道”中轮回，六道指的是天道、人间道、修罗道、畜生道、饿鬼道和地狱道，“六道轮回”指的是生命形式可以在六道中转化，人为善就可以转向天道，而作恶就要下地狱成饿鬼。总之，佛家认为生命因五蕴和合而生，在三界六道中轮回不止，生命过程是循环往

① ［宋］黎靖德编：《朱子语类》卷一百二十六，中华书局，1986 年版，第 3012 页。
② （日）池田大作著：《佛法与宇宙》，经济日报出版社，1991 年版，第 325 页。
③ 赖永海、杨维中译注：《楞严经》卷三，中华书局，2010 年版，第 112 页。

复的，体现为生死流转循环。在生命的过程上，朱熹的观点不同于佛家的看法，朱熹认为生命的存在必然有生有死，生与死都是生命的必然过程，人的生与死就是气的聚与散，生命的产生就是气交感凝聚，人死就是气散，而且气散是不可再聚的，朱熹说："然已散者不复聚。释氏却谓人死为鬼，鬼复为人。如此，则天地间常只是许多人来来去去，更不由造化生生，必无是理。"① 他认为佛家所说的生死轮回之说是没有道理的，凝聚成生命之气既已消散就不可能重新再聚，而仅仅只是能被后人"感格"而已。所以朱熹对于佛家生命过程的看法并不认同，而是在指出佛家生死观的不足之处的基础上，强调生命形成的物质性，突出了生命的自然性。

最后，就生命的意义和价值来说，佛家认为生命的本质是空的，所以人生的实质就是痛苦。现实的人生是痛苦的，佛家认为人生的痛苦有很多，归结为"八苦"，具体就是生苦、老苦、病苦、死苦、爱别离苦、怨憎会苦、求不得苦、五取蕴苦，这些苦都是人生所不可避免的，因而，佛家对人生的总观点就归结为"苦"，既然生命本质是空幻，人生的状态是痛苦的，所以佛家提倡要勘破生死，解脱人生的苦难，生命的价值就是追求对现实生命的超越，在生死的超越中实现生命的永恒境界。可见，佛家是站在人生之外，以出世的视野来审视生命的意义和价值。在朱熹看来，生命的价值体现于对于生与死的态度上，表现为关注现世的生命，实现人生的价值。朱熹对于"修来世"的看法是，"今世不修，却修后世，何也?"② 认为生命的价值就体现于当下，不实现生之理，而注重死之道，朱熹认为这是不对的。对于佛家在生命观上试图以因果循环之说，来鞭笞现实人性趋善更加不可为，他说："吾友且说尧舜三代之世无浮屠氏，乃比屋可封，天下太平。及其后有浮屠，而为恶者满天下。若为恶者必待死然后治之，则生人立君又焉用?"③ 他认为人之善性需要人生的修为，就在于现实的修身工夫，这是现世的作为，使人向善的切实途径是以儒家"圣人"为典范来实行修身功夫，去除人性中的恶，最终可实现王道社会，而仅仅以死后的惩罚来警戒生时的修行，以来世的幸福来敦促现世的作为是不可行的。在此基础上，朱熹的生命观也体现了对于佛家生命

① ［宋］黎靖德编：《朱子语类》卷三，中华书局，1986 年版，第 37 页。
② ［宋］黎靖德编：《朱子语类》卷一百二十六，中华书局，1986 年版，第 3033 页。
③ ［宋］黎靖德编：《朱子语类》卷一百二十六，中华书局，1986 年版，第 3033 页。

观的某些因素的吸收，例如，佛家提倡以善改变业力，强调的是善心善行的慈悲利生之心，主张“灭贪欲”追求未来的幸福，这与朱熹的“存天理，灭人欲”理性控制感性的自律精神颇为相似，可以说朱熹对于佛家生命观的吸收并不在具体内容上，而是在其提倡的理性的精神上。

总的看来，尽管朱熹对于佛家的生命观的很多理论并不认同，但是，在强调控制人类过多的欲望来实现“天理”方面，确实与佛家生命观有着相似之处，而且佛教的“不杀生”的生命观也和朱熹肯定生命的现实存在有吻合之处。

二、生命观对于道家思想的融合

道家生命观以生命为本位，关怀自然的特质也可以在朱熹的生命观中找到相似之处，与之不同的是朱熹更为注重生命的道德价值。

首先，在道家的思想中，生命的本原是道。“道”不仅是宇宙的本原，而且也是生命的本原，是万物产生的根本。老子认为道是既是“天地之始”，也是“万物之母”，他说：“道者，万物之奥。”① 道不仅是自然之道，而且还是生命之道，道本身就蕴含着无穷的生命力。而生命的形成是“万物负阴而抱阳，冲气以为和”②，就是说生命产生都是由气产生的，阴阳二气的凝聚变化促使生命产生，此处可以看出老子的生命观具有生命气化论的思想萌芽。庄子也认为道是生命产生的最终根源，就是因为道自本自根而且又可以生化万物，所以人的生命的产生源自于道，就是“精神生于道，形本生于精，而万物以形相生”③。可以说，人的形体和精神乃至整个生命都是由“道”产生的，形成于气，气的聚合变化形成具体的生命，“人之生，气之聚也。聚则为生，散则为死”④。道化生生命过程就是气的聚合变化，生命就是道化为气的产物，道是生命产生的最终之本原，气是人的生命得以形成的物质基础。后来在道家思想发展的过程中，《淮南子》深化了生命由气化生的观点，甚至还具体分析了气的不同类型及其在生命中的不同功能和作用。总的看来，道家的生命观极为关注“气”在生命产生和形成中的重要作用。

---

① 老聃著：《老子》第六十二章，哈尔滨出版社，2004 年版，第 168 页。
② 老聃著：《老子》第四十二章，哈尔滨出版社，2004 年版，第 118 页。
③ 孙海通译：《庄子·知北游》，中华书局，2007 年版，第 190 页。
④ 孙海通译：《庄子·知北游》，中华书局，2007 年版，第 186 页。

道家的生命观对于朱熹的生命观的影响很大，在朱熹的生命观中，生命是由理与气合而产生的，理是生命产生的根据，气是生命形成的质料。可以看出，尽管朱熹的生命观中所认为的生命本原，并不同于道家的本原，朱熹认为生命的本原是“理”，道家认为“道”，不仅只是称谓上的不同，而且在内涵、范围等方面都是不同的，此处不需细说。但是，在具体生命形成的过程中，都是离不开“气”的作用，这是两者比较相似的地方，而且很明显可以看出，道家气化生命的观点对于朱熹生命观的影响是存在的。虽然说，朱熹的“气生万物”的思想受到北宋张载影响较为深厚，但是，在具体的生命形成的图式上，明显可以看出道家生命形成之说对于朱熹的生命形成观的影响：首先，生与死都是“气”的聚与散形成的；其次，“气”生万物都是由阴阳二气的运功变化而形成的；最后，朱熹的生命观与道家的生命观都认为生与死都是一个自然的过程。只不过不同的是道家认为的生命本原是“道”，朱熹认为的生命本原是“理”，但是体现了二者都从形而上的层面去探究生命产生的依据，从形而下的层面去追寻生命形成的基础。

其次，在生命的价值和意义方面，道家认为生命本身的存在就具有最高的价值。老子认为生命是源于道，生命的本身就体现了道，他认为，“道大，天大，地大，人亦大。域中有四大，而人居其一焉”①。人的生命本身就是宇宙之中了不起的存在，具有与道，天，地相等的地位，具有一样的重要性，所以在宇宙天地之间，人的生命并不渺小，所以人的生命应当加以重视和珍惜，就是所谓的“贵生”“重生”的思想。他说：“名与身孰亲？身与货孰多？得与亡孰病？”② 在人的生命存在与功名，与财物的比较之中，老子最为重视的是生命本身，就是说生命的存在比一切的外物都要重要。老子重生的观点为道家后继者继承，庄子也充分肯定生命本身的意义，他认为人应该珍惜的就是生命存在本身，而不是任何其他身外之物，生命的价值就体现于生命自身，庄子认为社会上存在种种以身来殉利、殉名、殉家、殉天下的行为是不对的，错误在于“以物易性”，迷失人之为人的本性，所以说生命的意义就在于生命存在的本身，就在于生命的自然本质，人生的最高价值就是生命本身的存在。藉此，道家提倡以轻物重生、保身全生等方式来实现生命的价

① 老聃著：《老子》第二十五章，哈尔滨出版社，2004 年版，第 70 页。

② 老聃著：《老子》第四十四章，哈尔滨出版社，2004 年版，第 124 页。

值，以保持生命的自然本性，无为而任自然，来实现生命的意义。

相比较道家的生命观较为注重生命的自然价值而言，朱熹的生命价值观体现了儒家的重视道德、践行仁义的特点，认为生命的价值不仅体现于生命本身，更在于生命所蕴含社会价值和体现的道德意义。在朱熹看来，生命是值得珍惜的，他说："人是天地间最灵之物"，一方面指的是人在天地之间的重要地位，另一方面也说明了人的重要价值，所以朱熹的生命观肯定人的生命存在价值，主张珍视生命，在生命存在之时而积极进取，有所作为。而另一方面，朱熹反对仅仅是为了延长生命存在的苟且偷生行为，他认为相较于生命的自然存在，人的生命更为重要的是道德意义和精神价值，认为只有完善道德践行仁义的生命才是真正有价值的生命。因此不难理解，在朱熹的眼中，"老氏初只是清净无为。清净无为，却带得长生不死。后来却只说得长生不死一项"①，认为道家过于注重生命存在的过程，而没有关注到生命真正的价值，不行仁义，无视道德，而只是关注身体的存在，为求长生而一味保身，是比较自私的。他认为"气聚则生，气散则死，顺之而已，释老则皆悖之者也"②。对于道家希望长生不老、妄图不死的希冀，朱熹认为是违背自然常理的，道家过于注重以一己之身的存在与否，而不顾及自身之外的事物，在朱熹看来就是"自私其身"的做法。所以，虽然朱熹认为道家以养气来养身在理论上是可行的，但是他并不提倡，他说："老氏惟见此理，一向自私其身"。朱熹的生命观强调生命意义不仅在于生命存在之本身，更在于生命的道德价值，既然人生来就注定必有一日会走向死亡，那么生命的意义就在于在有限的生命中，追寻生命的道德价值和意义，而不是妄图违反天地之理来延长生命的存在。

总之，朱熹的生命观主要是在生命形成观吸收了道家生命气化思想的合理因素，并结合儒家的气化思想加以发挥，融入自己的生命观，在生命的价值观上体现了传统儒家重视道德的价值取向。朱熹的生命观既体现了对于生命存在的现实关怀，也体现了对于生命德性价值的理性思考。

---

① ［宋］黎靖德编：《朱子语类》卷一百二十五，中华书局，1986年版，第3005页。

② ［宋］黎靖德编：《朱子语类》卷一百二十六，中华书局，1986年版，第3012页。

第四节　朱熹天人观对于佛家道家思想的汲取

天人观指的是人与天地万物的关系的看法，朱熹认为人与天地万物都源于共同的天地之理，都是由阴阳二气的运动变化生成，人在天地万物之中是最为灵秀之物，所以人可以裁成辅相天地之造化，自觉地进行“循理而行”的实践，实现“天地万物一体”的理想境界。

一、天人观对于佛家思想的汲取

朱熹的天人观强调以仁心仁德来关爱自然万物，与佛家提倡的以慈悲之心来平等对待万事万物不尽相同，而且就“心”在天人观的实践中的重要作用也可看出对于佛家“心识”思想的吸收。

佛家天人观的思想主要体现在芸芸众生与客观世界的关系，以及如何认识自心来超越自我与现实，达到理想境界等方面。佛学认为“心起万法”，而且“万法皆空”，认为心是万事万物的本原，宇宙世界各种现象的本质是空。但是，佛家经典中也有着许多的内容是关于天文知识、生物知识等等，这是因为虽然宇宙万法的本质是空的，是“不真”的，但是现实存在中万物一体，“法界同融”，三界之中存在着花草树木、飞禽走兽，这些是人的生命存在的环境。所以，佛家强调要实现成佛的正果，就必须需要以佛家修行的行动和实践来完成。因为佛家认为“心起万法”，所以世间的知识首先都要经过人们感官去感知才能被认知，就是说世间万事万物都要经过眼、耳、鼻、舌、身、意去感知，进而通过“心识”来加以理解，通过对于这些现象的认知，才能获得真相，探求事物的本原。虽然说，佛家的“万法唯心”“万法唯识”等的观点过分强调了人类“心识”的功能与作用，以至于将其绝对化，进而否认事物的客观实在性，认为要通过佛家的直觉体悟、禅定修行等方式来把握事物的本质，但是佛家强调以“心”来认识宇宙万事万物的自然本性，对于朱熹在处理天人观的观点上还是具有极其重要的启发意义的。

朱熹的天人观认为对于万事万物的“所当然之理”的获得，可以通过“格物”的方式来实现，他认为可以通过观察、推理天地万物来获得自然之理，进而将之付诸实践之中，以人的主体精神来有所作为实现天与人的和谐共生。可以看出，在对待自然之理的获得方式上，朱熹的天人观不同于佛家思想，朱熹认为对于客观事物的认知是为了获得“天地之理”，因而人可以通过“格物”来“穷理”，虽然朱熹很是强调心在认识过程中的主导作用，但是在朱熹的天人观中，客观之物是存在的，客观之理也是存在的。但是于佛家而言，佛家过分强调“心”的作用，甚至认为客观事物只是因为人类的感知而存在，就像朱熹说的那样，佛家认为世界就是空的，而且是无物的空，“说‘玄空’，又说‘真空’。玄空便是空无物，真空却是有物，与吾儒说略同。但是它都不管天地四方，只是理会一个心”①。真可谓心外无物。所以说在天人观上朱熹承认自然之物的存在，并且认为正是通过格物才能致知，只有即物才能穷理，对于客观事物的认识和探究是获得“天地之理”的必要前提，而且人在现实的“循理而行”的实践中不能肆意妄为，而是要依据自然规律来处理天与人的关系，实现自然与人类的和谐相处。

佛家认为要以“慈”“悲”之心来对待自然万物。因为人心对宇宙自然万事万物的巨大作用，所以大自然中的一草一木俱是佛性的体现，故而在佛家天人观的实践和修行中，佛家强调以“慈”“悲”之心来对待自然万物。佛家认为“众生平等”，就是因为万法都有佛性，万法不仅包括有生命之物，而且包括无生命之物，因此万物并无贵贱之分，都是平等的，都应当以悲悯怜惜之心给予关爱。在现实的生活之中，佛家认为人类不仅要平等地对待万物，而且要以“慈”“悲”之心来对待自然生命时，强调要爱惜生命，具体措施就是“不杀生”，此处之“生”不仅指人的生命，而且指的是一切物的生命，就是要善待一切生命。佛家经典《坛经》中说“猎人常令守网，每见生命尽放之”，就是说人类应当遵循生命之法，不杀生，爱惜自然万物的生命，促进人与自然的和谐。

佛家这种以“慈”“悲”之心来平等对待自然万物的看法，与朱熹的天人观有着颇多相似之处，佛家强调的“慈”“悲”之心与朱熹提倡的“仁心”有着相似的内涵，也存在着巨大的差异性。朱熹认为应当继承儒家仁爱的思想，在对待自然之物时要“爱物”而不违背事物之理，把整个自然界都看作是“皆有至理”的生命系统，把“生生”视为“天地之大德”，把尊重自然界的一切生命，看作是人至上的道德追求，所以人应当以“仁心”来对待自然万物。但是，朱熹认为佛家以“慈”“悲”之心对待自然万物是不可信的，

① ［宋］黎靖德编：《朱子语类》卷一百二十六，中华书局，1986 年版，第 3013 页。

“并无缘由，只是无所不爱。若如爱亲之爱，渠便以为有缘，故父母弃而不养，而遇虎之饥饿，则舍身以食之，此何义理耶!”① 认为佛家的慈悲毫无缘由，不现实的，既然自己的亲生父母都可以弃之不养，又怎么会有慈悲之心来对待自然万物呢？朱熹认为现实之“仁”的实现是应当是由“亲亲而仁民，仁民而爱物”，这是一个循序递进的过程，只有做到“亲亲”才能做到“仁民”，只有做到“仁民”才能做到“爱物”，在朱熹看来，佛家连“亲”其“亲”都无法做到，就更别提“仁民”与“爱物”了。朱熹是站在儒家的角度对于佛家进行批判的，而事实上，虽然佛家实行“慈悲”不同于儒家由己到人、由人到物的路径，但是佛家重在强调一种无差别的平等之爱，并以宗教戒律的形式对此作了规定，例如佛家八戒中的第一戒就是不杀生，还提倡素食、放生等行为，就是将以“慈”“悲”之心对待生命落于实处，在现实生活中是可以实行的，并且影响还是很大的。当然，朱熹介怀的是佛家对于世俗人伦放弃，侧重的是从儒家的伦理上处理人类与自然的关系，实现的步骤是循序渐进的，朱熹所提倡的以“仁心”来对待天地万物和佛家倡导的以“慈”“悲”之心在实质上是相同的，都体现了与自然的和谐相处。

总之，朱熹的天人观在具体内容与佛家思想都吻合之处，都体现出要关爱自然，平等对待自然万物。朱熹的天人观强调心在实践过程中的主导作用，重视发挥心的主观作用而言，明显可以看出有对于佛教心学吸收的因素。

二、天人观对于道家思想的汲取

朱熹提出人与自然界万物同源，并生于天地之间，同样以形气为体，以理为性，所以人对自然万物的态度就是要顺其自然本性，使之充分发展，这是一种人与自然相和谐的思想，可以看到道家“万物化生”的自然观的影响。

道家天人观集中体现了道家对于大自然的看法，“自然”在道家的思想中意义颇为重大，具有“本然”“本质”“规律”等含义，道家强调自然所具有的“本然”的内涵，所以在天人关系中主张要顺应自然，提倡虚静以待，来观察自然和了解自然，以此来处理人与宇宙自然的关系。相较于儒家天人观对于人的主体性地位的重视，道家天人观更为注重天地万物的“自然之道”。甚至道家所提倡的作为理想人格典范的圣人就是，“圣人若天然，无私覆也；

① ［宋］黎靖德编：《朱子语类》卷一百二十六，中华书局，1986 年版，第 3031—3032 页。

若地然，无私载也”[1]。圣人应当如天地那般自自然然，无一己偏见之私，以无为来实现天地之道，所以在天与人的关系中，强调的是人应当以“虚以应物”的态度来对待自然万物，并尽量弱化人在宇宙自然中的作用，而不是以人的价值作为衡量宇宙自然的标准。因而道家提倡“天人一体”的观点，指的是天人宇宙万物互为一体，并不同于儒家的“天人合一”的观点。庄子在《齐物论》提到“天地与我并生，而万物与我为一”[2]，在这里，“天地万物”指的就是大自然的存在，相对于人类而言，大自然是一种外在之“天”，作为认识主体的人，本身也是大自然的产物，所以，人与自然万物是一样的，都是在本原之“道”的作用下，由气形成，因而人与自然万物具有相同本原和物质根源，就是说人的生命是“道”赋予的，生命的本身就体现了道，“道”在人身的体现就是人的“天性”，因而在对待自然万物时，应当顺应外在之“天”的自然，进而模仿天道以无为来顺物而为。简而言之就是以无为来顺应天地之道，就是像圣人那样，“圣人者，原天地之美，而达万物之理。是故至人无为，大圣不作，观于天地之谓也”[3]。无为不作，顺应自然，因而道家强调的自然是绝对的自然，要做到“无为”的关键就是取法于自然。

朱熹在天人观中也提到“天地万物本吾一体”，认为人可以以一己之“仁”实现与宇宙天地相即相融，与自然万物和谐共生，这是对于天人关系完美境界的理想。朱熹吸收了道家关于天与人产生和形成是本原于“道”，由气形成的因素，并在具体形成形式上有所借鉴。朱熹肯定庄子以“阴阳”来阐释自然万物的形成的观点，认为特别是其中“孰主张是？孰纲维是？孰居无事而推行是?”[4] 这几句话说得很好，认同道家将阴阳二气的相互运动，看成是宇宙万物生成的原因与动力，在宇宙和生命的本原与形成的观点上，朱熹提出的阴阳二气的运动化生万物的看法，与道家的阴阳观念颇有相似之处。但是在天与人的本原、本质和根源的具体内容上，朱熹的天人观并不同于道家的思想，而且就“天人合一”的观点来说，朱熹的“天地万物本吾一体”的看法并不同于道家的“天人一体”的观点。

朱熹的天人和谐的观点并不同于道家的“天人一体”观，他提出“天地

① 周瀚光、朱幼文、戴洪才撰：《管子直解》，复旦大学出版社，2000 年，第 295 页。
② 孙海通译：《庄子·齐物论》，中华书局，2007 年版，第 14 页。
③ 孙海通译：《庄子·知北游》，中华书局，2007 年版，第 188 页。
④ ［宋］黎靖德编：《朱子语类》卷一百二十五，中华书局，1986 年版，第 3001 页。

万物本吾一体”，认为天地生生之理内具于人心，体现为“心之德”“爱之理”，因此人可以发挥人作为“天地之间最灵之物”的作用，自觉地体认天地之间生生不息之仁，进而来穷理尽性，积极有为，来辅助天地实现化育之功能。虽然朱熹也认为人在发挥“赞天地之化育”的作用时，应当循应天地之理而为，但是朱熹的“循理而为”不同于道家的无所作为，可以说，道家的天人观重点是自然，甚至于“蔽于天而不知人”，在自然之中即使有人的存在，但是人只是存在自然之中，仅是自然之物而已，没有认识到人类与自然的本质差异，而把人等同于自然，人的主体作用极度弱化，人所能做的只是顺天而为。而朱熹的天人观中，强调人应当以积极的现实实践来实现天人所为各自有分的功能，以人的“仁心”“仁德”来实现天地的“生生之理”，所以，在朱熹的思想中，虽然也认为天地万物和人的地位是平等的，但是人毕竟还是具有主体性的地位和主导性的作用，可以实现“天地之不能者”。在天人观的实践中，朱熹提出要通过“格物”的方式来穷万物之理，在朱熹的格物对象中，自然界事物是重要的内容，虽然在此依稀可以看出道家“取法于自然”的观点的影子，但是朱熹的“格”天下之物的最终目标，却是发挥人作为“天地之心”的重要功能，在实践中“循理而行”，并最终实现“天人合一”的和谐共生的境地。

总之，朱熹的天人观体现了对道家自然观的吸收和发挥，道家更为突出“道”是自然的法则，是自然万物化生之道，是主宰宇宙万物的本原，道家自然观中“道”与朱熹天人观中生生不息的“仁”看似非常相近，但是实不相同，朱熹的天人观更加突出以人的积极作用，和人的主观努力来实现天与人和谐共生的发展境地。

朱熹早年出入佛老，曾一度沉迷于佛老之说，所以深受佛家、道家思想的影响，但是在师从李侗，逃禅归儒之后又自觉地以儒家正统自居，因此朱熹的自然观不仅结合传统儒家的自然思想，而且吸收佛家、道家相关思想的合理因素加以发挥和创新，进而形成自己融合佛、道又高于佛、道的自然观。在宇宙观方面，朱熹吸收佛家的宇宙形成，宇宙运动等方面思想，吸取道家以道为本体的思想，道家宇宙形成观和动静观等理论的合理因素；在生命观上，融汇佛家生命观中珍惜生命，强调生命中的理性精神等观点，吸收道家生命的形成和生命的过程等方面的合理因素；在天人观上，吸收佛家心学重视发挥心的主观作用的因素，强调爱护自然万物等观点，对道家自然观中所强调的人与自然和谐相处观点的部分吸收，对于道家自然观的无视人的主体作为的看法加以改造与发挥，更加强调人的主体精神，更加突出人的积极作用。在此基础上，朱熹的自然观注重传统儒家的重视道德的价值取向，既体现了对于宇宙、生命和自然万物的现实关怀，也凸显了对于人类生命德性价值的理性思考，以及对于人在天人关系中的主体地位的强调。

第六章　朱熹自然观的影响和现代价值

朱熹自然观内涵丰富、逻辑严密，是他对于宇宙、生命以及天人关系的哲学探究和理性思考的成果，不仅对于其弟子和后学的哲学思想有巨大的影响，而且对于后世思想家也有重要的影响，后世的许多学者都不同程度地继承朱熹自然观，并且将之作为自己思想的重要理论渊源加以发挥。此外，朱熹的自然观对于自然科学的发展亦有着不可忽视的启发作用，时至今日，朱熹的自然观仍体现出对今人大有启迪的现代价值。

第一节　朱熹自然观对朱子门人的影响

朱熹的哲学思想不仅在中国历史上影响深远，而且对于周边国家如韩国、日本也有深远的影响，正如陈荣捷先生所说的“朱子学支配我国思想五六百年，而操纵韩国、日本思潮亦数百载”①。作为朱熹哲学思想的重要组成部分，朱熹自然观的影响也不可小觑。朱熹自然观的影响首先体现于朱熹的弟子和后学的思想中。据陈荣捷先生考证，朱熹的及门弟子有四百六十七人，私淑者二十一人，所以共有门人四百八十八人，可以说朱熹门人众多，对于朱熹思想都有所传继，并且促使朱熹思想流传愈来愈广。对于朱熹自然观的传承主要体现于宇宙观、生命观和天人观三个方面，此处以黄干、蔡沈、陈淳、魏了翁、真德秀等为例加以论述朱熹的自然观对于其门人的影响。

---

① 陈荣捷：《朱子门人》，华东师范大学出版社，2007年版，第1页。

一、朱熹的宇宙观对于其弟子的影响

朱熹的宇宙观体现了他对于宇宙的认知和观点，不仅在具体内容上对后学有影响，而且他重视对宇宙所以然之理的探讨，在事物本身去寻找事物的规律，这种理性的精神影响了后学对于宇宙的探究，主要体现在天道观、太极论等方面。

朱熹在论述宇宙本原的时候，提出“太极为万物之根”，是“理之极致”的观点，认为太极是总天地万物之理，是宇宙的本原，气是万物形成的物质性根源，依据太极之理，“气”可以呈现为阴气和阳气，“二气交感，所以化生万物”，气化生万物的过程就是在气不停地摩擦、碰撞、凝结的运动中形成的，这些理论和观点对于朱熹的学生们产生了重要的影响。

作为朱熹思想的重要传人，黄干很是重视“太极”之说，他说：“太极何尝在阴阳之先。是生两仪，何尝生一而后生二。”[①] 太极就是“所以为阴阳者”，也就是朱熹所说的“所以然之理”，太极是阴阳二气化生的所以然之理。而且，太极作为宇宙万物的本原是无形无相的，就状态而言，太极与阴阳则是不可分离的，两者之间是一有俱有、不分先后的关系。可以看出黄干对于太极之理的阐释是源出于朱熹的宇宙本原的看法，对于太极之理与阴阳之气的关系的分析，基本上是对于朱熹观点的详细解释。此外，在宇宙的运动观上，也继承朱熹关于的动静的观点，他认为，“其言太极者，道之体也。其言阴阳五行、男女万物者，道之用也。太极之静而阴，体也。太极之动而阳，用也”[②]。阴阳是源自太极之理，太极是体，阴阳是用，人之所以知道太极之理则是见之于阴阳之气上，人看见阴阳之气的运动则是因为太极之理，太极和阴阳是体和用的关系，太极之理就在阴阳之中，所以说太极与阴阳密不可分，显微无间。由此可以看出，黄干论太极，他把太极看作“所以然之理”，正是太极之理使气化生生，可以说这些观点，基本上都是对于朱熹宇宙本原观的继承，而由此阐发的新意并不多。

蔡沈是朱熹比较重要的弟子之一，他的父亲蔡元定是朱熹的好友兼弟子。所以说蔡沈也是家学渊源，在宇宙观上，蔡沈对于朱熹思想主要是以继承为

① ［清］黄宗羲著：《宋元学案》卷六十三《勉斋学案》，中华书局，1986 年版，第 2032 页。
② ［清］黄宗羲著：《宋元学案》卷六十三《勉斋学案》，中华书局，1986 年版，第 2025 页。

主，而发扬较少。首先，蔡沈认为宇宙形成也是理与气合的结果，而且具体过程是有理就有气，可见宇宙的本原是理，存在于气和物生成之前，气自理生，有气就有形，气是形成宇宙的基础，形生气化，气的运动变化就是宇宙生生之理化生无穷的过程，所以他说“有理斯有气，有气斯有形，形生气化，而生生之理无穷焉”①。这是对朱熹“理与气合”化生万物的思想的继承。其次，在宇宙运动的看法上也高度认同朱熹的看法，他说：“微者昭之原，小者大之根”②，宇宙万物存在着“微”与“昭”“小”与“大”的差异，而这种差异正是宇宙运动观的体现，两者是相互对立，相互联系而且可以互为转换。他还说，“变者化之渐，化者变之成。变化者，阴阳之消长屈伸也。”③ 蔡沈认为阴阳之气变化是运动产生的原因，可见在运动产生的原因上是继承朱熹的关于宇宙运动的观点，甚至他完全接受朱熹的关于“渐化”和“顿变”的看法，他也认为“变”是显著变化，而“化”是逐渐变化，两者联系紧密，就是“变者化之渐，化者变之成”。总的来说，蔡沈的宇宙观基本上是完全继承朱熹的观点。

陈淳是朱熹晚年的得意门生，是朱熹理学思想的重要继承者。在宇宙观上主要是继承了朱熹的宇宙本原的看法，他说：“太极只是总天地万物之理而言，不可离天地万物之外而别为之论”，而且“道流行天地之间，无所不在，无物不有”。④ 陈淳认为太极是宇宙万物的本原之理，就存在于天地万事万物之间，宇宙间万事万物都具备此理，无物不具。世间万物的形成都是“理与气合”的结果。他说：“盖二气流行万古，生生不息，不成只是空个气。必有主宰之者，曰理是也。”⑤ 可见在宇宙的本原，和万物的生成的观点上，陈淳是继承了朱熹的宇宙观的基本看法的。

南宋后期，著名的理学家魏了翁和真德秀不仅在致力于扩大朱熹理学的影响，促进其取得正统地位等方面具有重要作用，而且对于朱熹的宇宙观也有所继承。作为朱熹理学的推崇者魏了翁，高度认同朱熹的宇宙观，他说：“风雨霜露，无非教也，此天之神；风霆流形，庶物露生，此地之神；维岳降

① ［清］黄宗羲著：《宋元学案》卷六十七《九峰学案》，中华书局，1986年版，第2146页。
② ［清］黄宗羲著：《宋元学案》卷六十七《九峰学案》，中华书局，1986年版，第2146页。
③ ［清］黄宗羲著：《宋元学案》卷六十七《九峰学案》，中华书局，1986年版，第2148页。
④ ［清］黄宗羲著：《宋元学案》卷六十八《北溪学案》，中华书局，1986年版，第2221页。
⑤ ［清］黄宗羲著：《宋元学案》卷六十八《北溪学案》，中华书局，1986年版，第2223页。

神，生甫及申，此山川之神；清明在躬，志气如神，此人之神。”① 自然界的种种现象都是阴阳二气的运动变化而已。作为南宋后期理学传人的真德秀，他对朱熹极为推崇，也极为赞同朱熹的宇宙观，他说：“盖极者，至极之理也，穷天下之物，可尊可贵，孰有加于此者！故曰太极也。”② 可见对于朱熹关于“太极”是理，理之极致就是“太极”，理是宇宙本原的看法的认同和肯定。

此外，朱熹理学由黄干一脉而传下的北山四先生，对朱熹的宇宙观都有所继承，甚至还有发挥。朱熹在宇宙观中所提到的宇宙的本原和宇宙的运动的看法都给何基以重要的影响，例如：何基认为太极与阴阳是不可分离，阴阳本身就存在有太极之理，就是“言阴阳则太极已在其中矣”，由此可以看出朱熹宇宙观的影响；朱熹的宇宙生成观对于王柏有着重要的影响，在宇宙生成的观点上，朱熹的提法是“气生万物”，而王柏也是这样认为的，他认为宇宙万物都是阴阳气化的产物，阴阳二气相因相蕴，“以此施生化之功”，就是说，宇宙万物生生不穷的过程就是阴阳二气凝聚发散的过程；此外，朱熹宇宙观的影响还体现在金履祥所认为的宇宙是气化流行的观点，以及许谦所认为的太极与阴阳五行之气的相即统一生成宇宙万物的观点上。

总的看来，朱熹的宇宙观理论对于其弟子的影响是相当重要的，黄干、蔡沈、陈淳、魏了翁、真德秀等不仅都对于朱熹的宇宙思想相当肯定和赞同，而且在自己的哲学思想中也屡屡提及朱熹关于宇宙的本原，宇宙的生成等观点，只是他们对于朱熹的关于宇宙的思想是以继承为主，而在理论上的创新并不充分。

二、朱熹的生命观对于其弟子的影响

生命观揭示了朱熹关注生命，重视人的存在，更注重生命的道德价值。对于其后学关于生命的看法有着莫大的影响，主要体现在于生命的本原、生命的形成论等方面的思想。

朱熹生命观对于黄干的启发主要体现于生命本原的观点，黄干认为人的

---

① ［清］黄宗羲著：《宋元学案》卷八十《鹤山学案》，中华书局，1986 年版，第 2671 页。

② ［清］黄宗羲著：《宋元学案》卷八十一《西山真氏学案》，中华书局，1986 年版，第 2704 页。

生命就是源于理，他说："人之生也，五脏百骸，各有自然之则"[①]，就是说生命的产生是"自然之则"，也即人的生命源于理，此处"自然之则"就是"自然之理"的意思。他还说"自天之所为者而观之，则不待人为，而此理已完具矣"[②]。可见在生命形成的观点上，他赞同朱熹的气化生命的观点，而且，朱熹的关于祖先之气可以"感格"的思想也见于黄干的思想，他说："祖考之精神虽亡，而吾所受之精神，即祖考之精神，以吾受祖考之精神，而交于所以为祖考之气，神气交感。"[③] 这简直就是对朱熹的"感格"祖先之理的详细阐释，认为已然去世的先人虽然气散人死了，但是消散之气并未消亡，只是散在天地之间，所以可以通过后人的"感格"来实现神气交感，所以说黄干对于祖先之气的观点是源于朱熹的生命观的具体发挥。

朱熹的生命观对于蔡沈思想的影响就在于生命本原的观点。蔡沈在继承朱熹生命的本原是理的基础上加以创新，将朱熹的理与"数"的范畴结合起来，把象数纳入理学范围，用"数"来阐释"理"。他认为宇宙天地万事万物都是由数所派生出来的，他说："天地之所以肇者，数也；人物之所以生者，数也；万事之所以失得者，亦数也。"[④] 此处他所指的"数"近似于朱熹的"理"，具有理的特性，将"数"纳入"理"的范围，因此"数"在内涵上取得了理的含义。此外，在人性的看法上，朱熹的人性观对于蔡沈的影响也是较大的，他说："人之一心，实为身主，其体则有仁义礼智之性，其用则有恻隐羞恶辞让是非之情。"[⑤] 可以看出，在关于人的心与性、性与情的观点上，蔡沈是对朱熹生命观的忠实继承，完全再现了朱熹关于人性的看法。

朱熹的生命观对于陈淳的影响主要就在于生命形成和生命过程等观点上。陈淳认为生命的本原是理，生命的形成是由二五之精妙合而凝，他说："无极之真，二五之精，妙合而凝，化生万物，此所以生之始也。得是至精之气而生，气尽则死。"[⑥] 可以看出，朱熹的死生一理，生命的存在有生必有死的观点俱在于此。而且，陈淳认为太极之理是生命产生的根据，阴阳二气的运动变化是生命形成的动力等等观点就是来自朱熹的生命观。此外，陈淳对于朱

① ［清］黄宗羲著：《宋元学案》卷六十三《勉斋学案》，中华书局，1986年版，第2032页。
② ［清］黄宗羲著：《宋元学案》卷六十三《勉斋学案》，中华书局，1986年版，第2032页。
③ ［清］黄宗羲著：《宋元学案》卷六十三《勉斋学案》，中华书局，1986年版，第2033页。
④ ［清］黄宗羲著：《宋元学案》卷六十七《九峰学案》，中华书局，1986年版，第2140页。
⑤ ［清］黄宗羲著：《宋元学案》卷六十七《九峰学案》，中华书局，1986年版，第2150页。
⑥ ［清］黄宗羲著：《宋元学案》卷六十八《北溪学案》，中华书局，1986年版，第2227页。

熹生命观的继承还具体体现在生死观上，认为人的生死就是气的聚散过程，生死乃是必然，所以要顺生安死，继承了朱熹对于生命价值的观点。此外，陈淳认为："其由形气而发者，以形气为主，而谓之人心。由理义而发者，以理义为主，而谓之道心。"① 这里就是对于朱熹的"道心""人心"的理论的高度认同，也可以看成是对朱熹理欲观的继承之说。

朱熹的生命观对于魏了翁和真德秀的影响就在于生命气化的相关理论上。魏了翁对朱熹生命观的继承主要就是他对于鬼神魂魄的观点，他说："宇宙之间，气之至而伸者为神，反而归者为鬼。在人则阳魂为神，阴魄为鬼；二气合则魂聚魄凝而生，离则魂升为神，魄降为鬼。"② 他认为鬼神、魂魄等从本质上说，都是存在于天地自然之中的气，而且鬼神、魂魄等的产生就是因为气的伸归之运动，二气的聚凝之变化，这些观点基本上就是复述朱熹的鬼神观。同样的，真德秀也以气的运动变化来阐述生命过程中的种种状态和现象，他认为"气之方伸者属阳，故为神；气之屈者属阴，故为鬼。神者，伸也；鬼者，归也"③。这些都是对朱熹的鬼神观的赞同与接受，而且朱熹以鬼神来喻自然造化之神妙的观点也为真德秀所继承，他说："阴阳二气，流行于天地之间，万物赖之以生，赖之以成，此即所谓鬼神也。"④ 可以看出，真德秀的上述理论和观点与朱熹生命观的影响是分不开的。

此外，朱熹的生命本原和生命形成等观点对于北山四先生也有重要的影响。例如王柏在论及生命产生的根源，就体现了对于朱熹"太极"之理的继承；金履祥认为生命的产生就是源于太极之理，生命的形成是阴阳五行之气化生的；许谦的鬼神观也是源于朱熹的观点，基本继承了朱熹的鬼神观。

总的看来，朱熹的生命观对于其弟子的影响是巨大的，但是主要集中于生命的本原观和生命的形成观上，体现了朱熹的生命源于理，气的运动变化生成生命等观点的重要影响。

---

① ［清］黄宗羲著：《宋元学案》卷六十八《北溪学案》，中华书局，1986 年版，第 2227 页。

② ［清］黄宗羲著：《宋元学案》卷八十《鹤山学案》，中华书局，1986 年版，第 2658 页。

③ ［清］黄宗羲著：《宋元学案》卷八十一《西山真氏学案》，中华书局，1986 年版，第 2699 页。

④ ［清］黄宗羲著：《宋元学案》卷八十一《西山真氏学案》，中华书局，1986 年版，第 2699 页。

三、朱熹的天人观对于其弟子的影响

朱熹的天人观认为天与人本质同源，在天与人的和谐之中，突出人是天地之间最灵之物，肯定人在自然万物中的重要地位和在实践活动中的主体作用。天人观对于后学思想的影响主要体现在天与人本质同源的认知上，以及以“仁”实现天地之理等方面，对于朱熹天人观的实践，后学也在格物致知论方面加以发挥。

朱熹天人观对于黄干思想的影响主要就在于天人本质的认知上。黄干认为天与人之间道理相同，他说：“天以是心而成万物，人以是心而成万事，故曰天体物而不遗，犹人体事而无不在也。”① 就是说世间万物的本原都是理，宇宙天地和万物生命都是源于本原之理，而且天地造化体现于世间万物之物，就在于万物所具备的道理是一致的。所以他是这样认为的，以宇宙自然之中的水火木金土等的性状，来比配生命存在的貌言视听思等功能，虽然看似是牵强的解释，但是在天地自然与人的生命存在上两相比较，分析检验则发现天地自然与生命存在确实具有相通之处。他是这样说的：“天一生水，水便有形。人生精血，凑合成体，亦若造化之有水也。……只以此配之，则人身便是一个造化，理自分明。”② 以自然界之水火木金土来论述生命存在的貌言视听思，以此得出天人相类的观点，体现了对于朱熹天人本质同源的基本观点的认同。

朱熹天人观对于蔡沈思想的影响主要就在于天人之理是相通的观点上。蔡沈认为世间之物都是理与气合，理与气不相离，气是形成天地万物的质料，而天与人之间生生之理是相同的，也是永恒的，就是他所说的“有理斯有气，有气斯有形，形生气化，而生生之理无穷焉”；进而以天地之理来比拟人生之理，认为“天地也，寒暑也，昼夜也，幽明屈伸以成变化者也”③。同样的道理，人的产生就是“含气者化，阳施阴化，而人道立矣，万物繁矣”④。气化生生，就是天与人的共通之处。此外，蔡沈还将自然生生之“理”与“数”

① ［清］黄宗羲著：《宋元学案》卷六十三《勉斋学案》，中华书局，1986 年版，第 2032 页。
② ［清］黄宗羲著：《宋元学案》卷六十三《勉斋学案》，中华书局，1986 年版，第 2031 页。
③ ［清］黄宗羲著：《宋元学案》卷六十七《九峰学案》，中华书局，1986 年版，第 2146 页。
④ ［清］黄宗羲著：《宋元学案》卷六十七《九峰学案》，中华书局，1986 年版，第 2146 页。

相结合，认为“数者，所以顺性命之理也”[①]。这是在继承朱熹的天地之理的基础上，对于朱熹天地生生之理的发挥，突出了理在天地自然之间所具有的对于万物的规定性。

朱熹天人观对于陈淳思想的影响主要是天人观的实践，具体就在于格物说和知行观。陈淳极为赞同朱熹将天地之理与传统儒家之“仁”结合，他说：“仁只是天理生生之全体，无表里动静隐显精粗之间”[②]；并进而认为朱熹将仁归纳为“心之德、爱之理”极为贴切。他说，“自孔门后，无识仁者”，“至文公始以‘心之德、爱之理’六字形容之，而仁之说始亲切矣”[③]。朱熹是孔子之后，儒家真正理解“仁”的人，朱熹将“仁”归纳为“心之德、爱之理”，就是将天地自然的生生之仁与人的仁心仁德联系起来，使天地之仁有了现实的存在，为人实现天地之仁提供了可行性。此外，在格物观上，陈淳对于朱熹的思想也有继承，他说：“致者，推之而至其极之谓。致其知者，所以明万理于心而使之无所疑也。”[④] 这肯定了朱熹的“格物”之说，认为格物是穷理的必然途径，而且在此基础上极力发扬朱熹的理会和践行的看法。

朱熹天人观对于真德秀的影响主要是在于“天地之心”的理论上。真德秀认为天之理与人之理是相同的，自然界与人类都是理与气合而生，都体现了形而上与形而下的统一，形而上者在天地自然就称之为“理”，在人的生命存在，就称之为“性”，就是“心之理”。他说：“日月星辰、风雨霜露亦形而下者，其理即形而上者。以身言之，身之形体，皆形而下者，曰性曰心之理，乃形而上者。”[⑤] 在此基础之上，他继承朱熹的“天地之心”的观点，认为生生不已的天地万物发育流行的原因，就是“天地生物之心”。“惟人受中以生，全具天地之理，故其为心又最灵于物”[⑥]。仁是天地生物之心，认同朱熹人为天地之间最灵之物的看法，认为人之所以为最灵者就在于人是受天理之全，而在人的生命存在中，相较于人之身而言，人的心则是最灵之物，所

① ［清］黄宗羲著：《宋元学案》卷六十七《九峰学案》，中华书局，1986年版，第2152页。

② ［清］黄宗羲著：《宋元学案》卷六十八《北溪学案》，中华书局，1986年版，第2221页。

③ ［清］黄宗羲著：《宋元学案》卷六十八《北溪学案》，中华书局，1986年版，第2222页。

④ ［清］黄宗羲著：《宋元学案》卷六十八《北溪学案》，中华书局，1986年版，第2224页。

⑤ ［清］黄宗羲著：《宋元学案》卷八十一《西山真氏学案》，中华书局，1986年版，第2698页。

⑥ ［清］黄宗羲著：《宋元学案》卷八十一《西山真氏学案》，中华书局，1986年版，第2700页。

以人要发挥此心之仁，实现主体的积极有为就可以亲亲、仁民、爱物。

此外，朱熹天人观的影响还体现在金履祥的相关思想上，就是金履祥认为“天地之心”是万物生生之理的观点，他说：“夫所谓天地之心者，何也？仁也，生生之道也。”[①] 生生之仁就是自然天地万物的造化之端，认为仁就是“造化之端，生物之始”[②]。此外，在天人观的实践上，金履祥对朱熹的“格物”也极为赞赏，认为格物所格的对象范围很广，就是“天下之物”，就是从草木虫鱼到宇宙天地阴阳变化都应该认识和探索，体现了朱熹“循理而行”的天人观实践的看法。

总的看来，朱熹的自然观对于其弟子的影响还是较为广泛和深远的，而其弟子对于朱熹自然观的继承主要是在宇宙观、生命观和天人观上，主要是继承朱熹的观点为主，而发挥和创新较少。

第二节　朱熹自然观对于后世的影响

朱熹的自然观不仅对于其弟子影响颇为深远，而且对于后世的哲学家、思想家甚至是自然科学家都有着不容忽视的影响。

一、朱熹自然观对于后世哲学思想的影响

朱熹重视自然，以求实的态度孜孜不倦地进行探索研究，他的自然观体现了对宇宙、生命和天人关系的观点和看法，对于后世的许多学者都产生过影响，主要是体现在理是万物之本原、气化生万物以及天人观的实践等方面。

许衡是元代儒学的主要继承者之一。朱熹的自然观对于许衡的思想有着重要的影响。全祖望在《宋元学案》中将许衡列为《程朱续传》，许衡的确是朱子后学，他对朱熹自然观的继承和吸收主要是体现在宇宙形成的观点上，他说：“天地阴阳精气为日月星辰，日月不是有轮廓生成，只是至精之气，到处便如此光明。阴精无光，故远近随日所照。日月行有度数，人身气血周流，

① ［清］黄宗羲著：《宋元学案》卷八十二《北山四先生学案》，中华书局，1986年版，第2738页。

② ［清］黄宗羲著：《宋元学案》卷八十二《北山四先生学案》，中华书局，1986年版，第2739页。

亦有度数。"[1] 他认为天地万物都是由气化生出来的，日月星辰都是由气形成的，而且日月等天体本身就是气，并非有轮廓形体，而且日月星辰的运行是有着自身规律的，就像人身的气血流动一样，都是由自身运行流通的规律性。至此，可以看出朱熹关于气以成形、气化生生等思想对于许衡的影响。

吴澄自称其学为朱子之学。因为他曾学于程若庸，而程若庸学饶鲁，饶鲁学于黄干，黄干是朱熹的弟子，所以说吴澄是朱熹的四传弟子。吴澄继承朱熹的自然观主要是认为天地万物的产生和形成是"理本""气化"。气能化生万物就是因为是"理"主宰的，理气相合化生万物，认为气生万物的具体过程就是，一气分为阴阳，而阴阳二气又进一步分为五行，五行生万物，所以说万物的生成就是气在理的主宰下的运动的结果。他说："自未有天地之前，至既有天地之后，只是阴阳二气而已。…理者，非别有一物在气中，只是为气之主宰者即是。无理外之气，亦无气外之理。"[2] 进而他认为理与气的关系是不相离的，气为主宰，理气相依。人的生命的形成也是这样的过程，"夫人之生也，以天地之气凝聚而有形，以天地之理付畀而有性"[3]。人性的产生也是源于气，"性即天理，岂有不善，但人之生也，受气有或清或浊之不同，成质有或美或恶之不同"[4]。他认为本于天理的人性是善的，而之所以出现恶的人性则是因为秉气的差异，以气的清与浊来分析现实中的人性，体现了对于朱熹人性思想的认同和吸收。

朱熹重视生命德性价值的看法影响也非常深远，宋代以降，中国历史出现了许多仁人志士以天下为己任的，忧国忧民，公而忘私，重义轻利，讲气节，重道德，集中体现了朱熹在生命观中提出的生命价值的观点，所以不能忽视朱熹强调的生命道德价值的看法对此产生的影响。例如，明清之际著名思想家王夫之，在区分君子与小人、人类与禽兽时就是以朱熹提到的义利作为划分标准，体现了对于道德的强调，足可见朱熹思想的重要影响。此外，朱熹在论述天人关系中提出要格物致知，进而实现理会与践行相结合的实践思想的影响也很大，特别是明代王阳明"知行合一"的观点，明代王廷相"知行兼举"的看法以及王夫之"知行相资"的学说等，都可以隐约看见朱

---

① ［清］黄宗羲著：《宋元学案》卷九十《鲁斋学案》，中华书局，1986 年版，第 2998 页。
② ［清］黄宗羲著：《宋元学案》卷九十二《草庐学案》，中华书局，1986 年版，第 3038 页。
③ ［清］黄宗羲著：《宋元学案》卷九十二《草庐学案》，中华书局，1986 年版，第 3046 页。
④ ［清］黄宗羲著：《宋元学案》卷九十二《草庐学案》，中华书局，1986 年版，第 3039 页。

熹“知行相须”思想的影子。

总的来说，朱熹自然观在哲学和思想上的影响是巨大的，主要体现在理是本原、气生万物以及在天人观的实践等方面。

二、朱熹自然观在自然科学方面的影响

朱熹自然观对于后世的影响不仅在哲学思想方面，而且还体现在自然科学方面。就朱熹自然观本身而言，体现了朱熹具有丰富的自然科学知识，虽然说他的天文学、气象学等方面的知识，并未上升到自然科学的理论高度，而是以此为契机来强调格物致知，探究宇宙万物自然生命的规律，重点在体认人心所具之天理。但是朱熹在自然科学方面确实取得了许多不可小觑的成就，以至于后来很多自然科学家在研究自然时会从朱熹的思想中寻找研究自然的思维方式和方法。

朱熹的自然观认为格物是穷理的必然途径，格物是穷理的方式，目的是为了穷理，实现致其知，进而在实践中“践行”之，所以说格“天下之物”是“循理而行”实践的第一步，是实践“天人和谐共生”的必要前提。朱熹的“格物”论，强调要广泛地探索自然，就是“大而天地阴阳，细而昆虫草木，皆当理会”，“格物”的对象扩展到自然界所有事物。正是因为强调要广泛地格天下之物，穷天下之理，所以朱熹在对于自然界的探索中也取得很多自然科学的成果，而他这种穷究物之理的看法也给许多自然科学家以启发。比如：南宋著名的数学家秦九韶将“数”与“理”联系起来，提出“数理一源”的观点，依稀可以看出朱熹自然观的影响。元代著名的医学家朱震亨以《格致余论》命名他的医学著作，并且认为医学本身就是属于儒家格物致知的范围。明代著名的哲学家和科学家方以智以漩涡来解释天体运动，可以看作是受到朱熹的宇宙观的启发等。由此可以看出，朱熹的自然观对宋代以后科学认识发展有着重要的影响。

朱熹的“格物”论强调对自然界的探索和实践，具有穷究物理的内涵，以至于后来人们在表示认识各种事物、探讨自然万物之理的学问时就以“格物致知”来命名。例如：“宋代，朱中有认为研究潮汐现象就是格物，王原斋和叶大有等人认为研究植物的习性就是格物”①。在宋朝人们就已经以“格

① 张秉伦、胡化凯：《徽州科技》，安徽人民出版社，2005 年版，第 23 页。

物”来命名自然科学研究。甚至到民国时期，人们还习惯将自然科学知识称为“格致学”，说明朱熹在天人观的实践中所强调的“格物致知”观点的巨大影响。后来，梁启超认为在科学刚刚传入中国的时候，以“格致”学来命名之正是源于“朱子之说”，肯定朱熹的“格致”之说在西方科技知识于当时中国传播过程中的作用，由此可以看出朱熹“格物”论对近代科学技术的发展也有一定的积极推动作用。

此外，朱熹的自然观还体现对求实、理性的科学精神的强调。首先，探索研究自然要以亲身实践作为必备条件，朱熹认为学者不必拘泥于文献典籍等书本知识，而要亲身实践来观察和检验，充分体现朱熹注重以亲身作为来作为探索自然、实践真知的必备条件，这种注重以实践来作为立论依据的科学研究思想，是符合现代科学精神的。其次，在探索自然、穷究物理时还要使用理性的科学思维方式，就是朱熹所强调的“推”的方法，这是一种类推式的思维方式，是朱熹经常运用的思维方式，具有一定的逻辑推理的意思，这是一种理性推理的思维形式。

虽然说朱熹的自然观过分强调认知主体的内心自省，缺乏一套具体可行的认识事物的具体方法，因而导致许多人明白格物的重要性，主观上希望格物致知，但是在面对客观存在的事物时，并不知道如何去做，这也可以说是朱熹的“格物”论的理论缺陷。但是朱熹的自然观不仅在具体的自然科学知识的内容上，取得许多符合科学道理的理论成就，给予众多学者和自然科学家们诸多重要的启示，而且在探索和研究自然时，朱熹提倡的重实践的科学精神和重类推的思维方式，影响也很深远，具有不可忽视的价值。

第三节　朱熹自然观的现代价值

自然观是朱熹对于天、地、人的整体考量而形成的认知，他将浩瀚宇宙和芸芸众生纳入其哲学的视域，来探索自然的玄妙，来穷究生命的奥秘，体现为宇宙观、生命观和天人观三个方面，朱熹的自然观呈现出关心宇宙、关爱生命和关注自然的特点，在现代社会依然具有值得继承发扬的合理价值。

一、关心宇宙

朱熹的自然观中有很多内容都关于对宇宙的认知。宇宙观是他对人类生命存在于何处的一种根源性探究。作为一位杰出的哲学家，对于现实存在的种种自然现象必然会做出探本究源的追问，而事实上，朱熹就是这样做的，面对宇宙间的日升月落、斗转星移、天地间的寒来暑往、沧海桑田，朱熹所做的不仅仅是感叹天地造化之神妙，而是进一步思考在这些现象的背后，本质到底是什么？伟大的发现往往是来自于深刻的思索和实践，朱熹的宇宙观正是他思索与实践的理论成果。

朱熹在宇宙观中探讨了宇宙万物、自然界的存在和发展的问题，是他对于宇宙的本原、宇宙的生成、宇宙的结构和宇宙的运动等内容的思考与探究。在观察和观测宇宙的种种现象的基础上，朱熹提出自己的猜想与假设，由此进行推论和演绎，得出自己的观点。他认为理是宇宙的本原，气是宇宙形成的根源，气的运动形成宇宙万物，促进宇宙结构的形成。宇宙的基本结构就是无形之天在地之上，地悬浮在气中，日月星辰与人物禽兽等物与事就存在于天地之间。气的运动是宇宙形成的动力，而气的运动就体现为“动与静”和“变与化”的形式，宇宙间的种种天体运动和天地之间的种种自然现象正是宇宙运动的体现。

朱熹对于宇宙的探究和追问体现了儒家“仰以观于天文，俯以察于地理”的究天人之际情怀的真实写照。虽然朱熹的宇宙观一些观点在现代科学看来已经不足为奇，甚至还存在不足之处。但是在朱熹这样的一位旷世醇儒的身上，体现出极为关注科学的倾向，他将探究天地宇宙的热情和科学思考的冷静联系起来，是人文精神与科学理性的完美结合。在现代社会，科技高度发展的今天，朱熹探索天地宇宙的理性精神是值得我们肯定的，而他关心宇宙自然的热忱也是值得我们学习的。虽然说，并不是人人都要像他那样对于宇宙万物充满哲理性的追问，但是至少也应当养成勤思善问的探究精神，关注科学，关注宇宙，关注我们生活的这个世界。

二、关爱生命

朱熹的自然观还体现了对于生命的理解与关爱。朱熹不仅以哲学家的视野来考察生命，探究生命来自何处，生命的本质是什么，生命的归宿是哪里等这样生命存在的终极问题，而且以儒者的“仁爱”之心来关注现实生命的存在，注重提升生命的价值。

朱熹的生命观重视今生，不问前生与后世，而是重在当下，不构想天堂和地狱，而是关注现实生命，不做玄虚的抽象思辨，而是强调生命的道德意义，探究生命应当如何实现价值，朱熹的生命观立足现实生命又不止于现实生命，强调对于生命做本原上的探究和本质上的探索，注重生命的自然存在和社会价值。朱熹认为理是生命的本原，生命是由气凝聚而成，生命的过程有生有死的，因而要尽力实现生命的价值，而人的生命价值不仅在于生命本身，更在于生命所蕴含道德精神。所以人要坦然面对生与死，淡然面对理与欲，不断发现和充实生命的内在善性，完善生命的道德属性。因而，朱熹极为重视生命存在的道德意义，极为轻视物质利益，甚至不提倡人的欲望的满足，而是高度重视生命的道德修养，强调道德自律的精神，进而主张以修身来恢复“天地之理”所赋予人的本然善性，由此实现生命的价值。

虽然朱熹的生命观中提出的“存天理，灭人欲”的观点，并未充分体现物质生活对于生命的重要性，甚至有反对人为争取物质需求的满足而努力奋斗之嫌疑。但是在当今社会，在人与物、理和欲、义和利的种种矛盾之中，朱熹的生命观给了我们对待生命的最好启示，人类要爱护自己的生命，更要把握自己生命的价值，不应当为物欲所动，只图眼前利益，而是应当完善自己的道德，以道德作为价值取向的标准和取舍事物的依据。在工业文明高度发达的现代社会，人类的现实生活中充斥着物欲，财富、权力、地位等等都是现代人的追逐对象，拜金主义、享乐主义、见利忘义、损人利己等现象屡屡存在，人们在奋力角逐功名利禄时，往往忽略甚至遗忘了道德，往往过于迷恋于身边的财物，却丧失了生命的价值，迷失了生命的根本意义。而朱熹的自然观告诉人们，人应当培养和发展自己的本性之善，将身外之物淡化视之，进而摆脱物欲之负累，追求一种道德上的完满。虽然我们不必做到朱熹所说的“存天理，灭人欲”，但我们至少可以做到“重天理，轻人欲”，首先合理地满足生命存在不断增长着的物质需求，而与此同时不能忽视人的道德修养，应当把理性的道德置于优先的位置，实现感性与理性的相结合，物质与精神的相统一，这才是人的生命存在与发展的基本准则。

三、关注自然

朱熹的哲学思想从整体上探讨人与自然的关系，体现出关注人在宇宙中的地位的思想倾向，因而生命所存在的广阔自然始终是朱熹关注的对象，而他对于大自然的玄思洞识凝结成其关注自然的天人观。

朱熹的天人观是他对于整个大自然的探索和理解，他在人与自然的和谐统一中，提出天人所为各自有分的观点，强调人作为主体的重要作用。以天和人的关系为中心，既考虑到自然的化生万物发育万物的作用，也充分体现了人在自然中的重要作用，人类是自然不可分割的组成部分，人类可以在行动上促使自然万物蓬勃发展，其原因就是人心之“仁”正是“天地之仁”的体现。朱熹认为仁是人的内在本性，仁是天地自然的本质，所以仁是统摄人类与自然为一体的特质，成为天人合一的最高形上本体，就是天之理与人之性的连贯之所在。在朱熹看来，天人之间有一脉络通贯就是仁，仁是天地的生生之理，落实于人心之上，因而，人可以自己的仁心来辅助天地行使化育，实现天与人的和谐共生，平衡发展。

在人类与自然的关系上，朱熹认为人能够参赞天地化育，人类有责任关注自然万物，实现自然和人类的和谐共生。而且，人类作为生命存在的主体，与自然界是一个联系紧密的整体，自然界是人类的产生和发展的前提条件，所以说，自然与人类之间的和谐共生不仅是自然之物存在的要求，而且也是人类生存发展的需要，因为如果没有天地自然，人类将无以存在，所以人应当顺应天地自然之理，关爱自然，保护人类生存的环境，维护自然界生态平衡，建立良好的天人和谐的关系，这样既有益于自然界，而且对人类自身亦有重要意义。

朱熹的自然观强调“万物并育而不相害”的天人和谐的境界，实质上就是人类与自然的和谐共生，蕴含着人类要热爱大自然，珍惜自然生命的意蕴，这种观点在科技高度发展的当今社会无疑具有重要的启示和借鉴作用。科技的进步促进社会的发展，也提高了人类改造自然的能力，因而必须妥善好处理好科技与人文的关系，人类如果一味地迷信于科学技术能使“人定胜天”，并将之推向极致，忽视甚至是无视自然之理，破坏了自然与人类之间的和谐，就会破坏自然万物的生存，而同时人类也必将会因此陷于生存的困境。现实生活中，人类对自然环境和生态系统的破坏，就是没有处理好自然与人类的关系；滥用科学技术妄图征服自然，就是没有处理好科技与人文的关系；无限地扩张自己的欲望对于自然无度的索取，就是没有把握好理与欲的关系。所以说保护自然环境，首先就必须对人类贪欲加以限制，就必须要借鉴朱熹自然观中的合理因素运用于实践中，来保护自然生态平衡，优化人类生活环境，实现人类与自然和谐相生的理想境地。

综上所述，可以看出，朱熹自然观不管是在当时还是在后世的影响都相当广泛而深远，具有不容忽视的现代价值；不仅对于其弟子、门人和后学产生巨大的影响，而且对于当时及后世的学者、思想家都有直接或间接的影响。朱熹自然观不仅在哲学思想上影响深远，而且他所强调的科学探索的精神和科学研究的方法对于其后的学者在自然科学的研究上，也具有启发的作用，即使在今天，朱熹自然观对于现代人如何处理人与自然的关系仍有重要的启迪意义。

结　　语

朱熹的哲学思想以内涵丰富和逻辑严密成为中国古代哲学发展的高峰，自然观是其中重要的组成部分，在朱熹的哲学思想体系中占有重要的地位，而且也是朱熹哲学本体论、心性论和认识论的重要理论基础，理解朱熹的自然观有助于全面认识朱熹的哲学思想。

朱熹继承传统儒家的自然思想和北宋五子有关自然哲学理论，形成关注自然、理解生命的自然观，宋代自然科学的高度繁荣为朱熹自然观的产生提供不可或缺的科技理论支持，朱熹自身对于宇宙、生命和天人之际的积极思考与不懈探究是自然观产生的主观条件。儒家关注自然的哲学思想与佛家、道家自然思想的合理内涵一起融汇成朱熹独特的自然观，朱熹的自然观将对于宇宙、生命和自然的关注融入思想学说中，既昭示出儒家仁民爱物的自然思想，也汲取佛家、道家思想的精粹，关注自然，善待生命，体现出关爱万物的宇宙情怀。自然观是朱熹对抽象玄远的宇宙天地所作的哲学思考，是对于宇宙运动、生命现象、天人关系的基本看法与认知。

朱熹自然观的基本内容主要包括“宇宙观”“生命观”和“天人观”。宇宙观是自然观的理论基础，既关注到宇宙本原等形而上的问题，也探究宇宙的形成、宇宙的结构等形而下的问题，系统地探讨天地的起源，宇宙的产生，宇宙的运动等相关问题。朱熹认为理是宇宙的最高本原，二程的“天即理”至此发展成为理是宇宙万物的共同本原，朱熹将形而上的理纳入宇宙论的范畴，创造性地提出理是宇宙的本原，进而结合前人的“气化”思想，认为宇宙的产生与形成是气的运动变化促成的，因而宇宙天地的具体形成就是形而下之气运动的结果。

朱熹自然观不仅探讨有关宇宙天地的问题，而且也从自然的角度关注生命存在的问题。生命观是自然观的重要组成部分，探究的是世间万物生命的本原、生命的形成、生命的过程等问题，核心就是人的生命，朱熹认为人的生命本原是理，现实生命的存在就是理与气合的结果。儒家历来注重以道德为标准来理解人的生命价值，这也体现于朱熹的生命观中。朱熹的生命观关注人的生命，肯定生命的存在，并且将道德融入人的生命之中加以整体的关照，不仅注重生命存在的现实意义，而且更加强调生命的道德价值，认为人类生命的价值主要就在于道德。朱熹自然观不仅具有探究生命自然之理的知性精神，而且注重生命存在的德性自律精神。

最终，朱熹自然观所要解决的根本问题就是处理人类与自然的关系，体现于“天人观”。天人观主要是朱熹对于天人关系的认知，认为人可以发挥“天地之心”的主体作用，实现天地之仁，进而循理而行，实现自然与人类的和谐共生的理想境界。天人观对于人们如何处理与自然的关系，遵循自然之理，达到生命的理想境地具有启发的意义。朱熹的自然观呈现出深具人文关怀的自然精神，既注意到宇宙、生命的自然属性，也注重人与宇宙自然的和谐共生的关系，既没有无视宇宙天地万物存在的自然之道，也没有忽视人类在自然中的价值和作用。朱熹的自然观体现了自然精神与人文精神的融合，既崇尚自然，理解自然，尊重天然之道，自然之理，同时也尊重科学技术，肯定人力作为。

朱熹发展北宋五子的自然思想，结合当时先进的自然科学成果，联系佛家道家相关思想理论，以儒家思想为本位，批判地汲取和借鉴佛家、道家的思辨哲学，不仅推动了传统儒家自然思想的进一步系统化，而且使自然哲学的内涵加以提升，建立起内涵丰富，思想精深的自然观，弥补了儒家自然观理论发展的不足。朱熹的自然观既关注形而下的现实，同时也以形而上的问题为探究方向，不仅考察宇宙生命的现实存在，而且追本究源探析天地万物产生的终极根源和根本依据。在朱熹的自然观中，理不仅是宇宙之本，也是生命之本，因而，朱熹的自然观既有注重哲理玄思的宇宙本原、生命本原、生命的价值等观点，同时也有关注现实存在的宇宙形成、宇宙运动、生命过程等等看法，既关注到形而上的“理”“性”和“仁”等范畴，也肯定了宇宙的运动，生命的现实存在，天人观的实践等现实的形而下的问题，体现了朱熹的自然观是形而上的哲思与形而下的现实关注相结合的产物。朱熹的自然观体现了对自然的关爱，对于生命的理解，不仅是对传统儒家自然思想的继承和弘扬，而且在科技高度发展的今天亦有重要的价值和意义。

朱熹自然观有诸多为后人借鉴与学习的地方，当然也不可避免地具有历史局限性和不足之处，所以对于现代之人而言，要正确对待朱熹的自然观。首先，应当立足于当时的历史与时代，给予朱熹的自然观以同情的理解，充分发掘其中蕴含的合理因素。例如在论述宇宙观时，朱熹将理视为宇宙的本原，将之作为宇宙之本体来理解，是凌驾于宇宙自然万物之上的存在，这在科技高度发展的今天看来是不合乎科学的。现代宇宙学中影响最大的一种观点是“大爆炸宇宙学”，认为宇宙的产生是源于温度和密度极高的“原始火球”的一次大爆炸，从根源上揭示了世界的物质统一性。相较之下，不难看出朱熹将宇宙的本原归结为精神本体之理并不符合现代科学的解释，但是，要知道朱熹生活在八百多年之前的宋朝，面对的是当时影响颇为广泛的佛家“心起万法”的观点，面对的是认为世间一切俱具于人心的理论，相较于佛家所说的“心”是万事万物本原的认知，就可以理解朱熹将宇宙的本原归结为客观之“理”的观点所具有的合理性，就可以肯定朱熹的自然观在当时所具有的进步性和科学性。其次，应当立足于现实，客观地分析朱熹自然观的历史局限性和理论缺陷，在吸收其中的合理因素时，扬弃地利用其积极价值。朱熹的自然观体现了他在认识自然时所具有的特殊视野，和他在探究宇宙天地形成的过程，对于自然万物的基本观点和思想，尽管这种对于宇宙、生命及天人关系的认识，受到科技发展水平和自身认识能力的局限，并非尽然正确，但是在较大程度上反映了朱熹在探究自然奥秘时所体现的理性精神，在探究万物生命时所呈现的人文关怀，在审视天人关系时所强调的人的主体精神，总体上体现朱熹的自然观强调的爱护自然、善待万物的仁民爱物之情。

本书以自然观为视角，联系朱熹自然观形成的现实因素和理论渊源，探析自然观的基本内容及理论内涵，以“宇宙观”“生命观”和“天人观”为主要内容来全面分析朱熹的自然观，揭示朱熹对于自然、生命、天人关系的认识，剖析自然观是如何体现对天、地、人的本质探索和现实关注的。而对朱熹自然观与其哲学思想的其他方面的联系没有具体分析，诸如自然观与天理观的关系等这些都是有意义而本书没有深入研究的问题，本书没有详加论析，希望日后能进一步展开研究。

参考文献

一、著作

1. ［宋］黎靖德编．朱子语类［M］（1－8 册）．北京：中华书局，1986.

2. ［宋］朱熹著．郭齐，尹波点校．朱熹集［M］（1–10 册）．成都：四川教育出版社，1996.

3. 朱杰人，严佐之，刘永翔主编．朱子全书［M］．上海：上海古籍出版社；合肥：安徽教育出版社，2002.

4. ［宋］朱熹撰．四书章句集注［M］．湖南：岳麓书社，2008.

5. ［宋］朱熹，吕祖谦．于民雄译注．近思录全译［M］．贵阳：贵州人民出版社，2009.

6. ［宋］周敦颐著；陈克明点校．周敦颐集［M］．北京：中华书局，2009.

7. ［宋］张载．张载集［M］．北京：中华书局，1978.

8. ［宋］程颢，程颐．二程集［M］．北京：中华书局，1981.

9. ［宋］邵雍著．卫绍生校注．皇极经世书［M］．郑州：中州古籍出版社，2007.

10. ［宋］邵雍著．郭彧整理．邵雍集［M］．北京：中华书局，2010.

11. ［宋］沈括著．金良年点校．梦溪笔谈［M］．济南：齐鲁书社，2007.

12. ［清］黄宗羲，全祖望著．宋元学案［M］．北京：中华书局，1986.

13. ［清］王懋竑著．何忠礼点校．朱熹年谱［M］．北京：中华书局，1998.

14. 杨伯峻注．论语译注［M］．北京：中华书局，2006.

15. 老聃著．老子［M］．哈尔滨：哈尔滨出版社，2004.

16. 万丽华，蓝旭译注．孟子［M］．北京：中华书局，2006.

17. 王国轩译注．大学 中庸［M］．北京：中华书局，2006.

18. 孙通海译．庄子［M］．北京：中华书局，2007.

19. 周振甫译注．周易译注［M］．北京：中华书局，1991.

20. 杨有礼注说．淮南子［M］．开封：河南大学出版社，2010.

21. 郑文光，席泽宗．中国历史上的宇宙理论［M］．北京：人民出版社，1975.

22. ［英］李约瑟．中国科学技术史［M］．北京：科学出版社，1975.

23. 李国豪．中国科技史探索［M］．上海：上海古籍出版社，1982.

24. 陈遵妫．中国天文学史［M］．上海：上海人民出版社，1984.

25. 江晓原．天学真原［M］．沈阳：辽宁教育出版社，1991.

26. 石云里．中国古代科学技术史纲［M］．沈阳：辽宁教育出版社，1996.

27. 席泽宗主编．中国科学技术史·科学思想卷［M］．北京：科学出版社，2001.

28. 曾振宇．中国气论哲学研究［M］．济南：山东大学出版社，2001.

29. 李申．中国古代哲学和自然科学［M］．上海：上海人民出版社，2002.

30. 张秉伦，胡化凯．徽州科技［M］．合肥：安徽教育出版社，2005.

31. 乐爱国．中国传统文化与科技［M］．南宁：广西师范大学出版社，2006.

32. 李烈炎，王光．中国古代科学思想史要［M］．北京：人民出版社，2010.

33. ［英］斯蒂芬·F·梅森．自然科学史［M］．上海：上海译文出版社，1980.

34. ［德］莱布尼茨．莱布尼茨自然哲学著作［M］．北京：中国社会科学出版社，1985.

35. ［日］小野泽精一、福永光司，山井涌编著．气的思想［M］．上海：

上海人民出版社，1990.

36. 侯外庐．中国思想通史［M］．北京：人民出版社，1980.

37. 陈寅恪．金明馆从稿二编［M］．上海：上海古籍出版社，1980.

38. 冯友兰．中国哲学史新编［M］．北京：人民出版社，1986.

39. 冯友兰．中国哲学史［M］．上海：华东师范大学出版社，2000.

40. 唐君毅．中国哲学原论·原性篇［M］．北京：中国社会科学出版社，2006.

41. 张岂之主编．中国思想学说史·宋元卷［M］．南宁：广西师范大学出版社，2007.

42. 邓广铭，漆侠著．宋史专题课［M］．北京：北京大学出版社，2008.

43. 石训等著．中国宋代哲学［M］．开封：河南人民出版社，1992.

44. 牟钟鉴．儒家价值的新探索［M］．济南：齐鲁书社，2001.

45. 王国良．明清时期儒学核心价值的转换［M］．合肥：安徽大学出版社．2002.

46. 林国标．清初朱子学研究［M］．长沙：湖南人民出版社，2004．

47. 钱穆．朱子新学案［M］．成都：巴蜀书社，1982.

48. 张立文．宋明理学研究［M］．北京：中国人民大学出版社，1985.

49. 蒙培元．理学范畴系统［M］．北京：人民出版社，1989.

50. 陈来．宋明理学［M］．沈阳：辽宁教育出版社，1991.

51. 蔡方鹿．朱熹与中国文化［M］．贵阳：贵州人民出版社，2000.

52. 钱穆．朱子学提纲［M］．北京：生活 读书 新知三联书店，2002.

53. 杨天石．朱熹及其哲学［M］．北京：中华书局，1982.

54. 范寿康．朱子及其哲学［M］．北京：中华书局，1983．

55. 高令印．朱熹事迹考［M］．上海：上海人民出版社，1987.

56. 陈来．朱熹哲学研究［M］．北京：中国社会科学出版社，1988.

57. 束景南．朱子大传［M］．福州：福建教育出版社，1992.

58. 张立文．朱熹思想研究［M］．北京：中国社会科学出版社，1994.

59. 郭齐．朱熹传［M］．成都：四川大学出版社，2000.

60. 蔡方鹿．朱熹与中国文化［M］．贵阳：贵州人民出版社，2000.

61. 朱汉民、肖永明．旷世大儒［M］．保定：河北人民出版社，2001.

62. 彭永捷．朱陆之辩［M］．北京：人民出版社，2002.

63. ［韩］金永植．朱熹的自然哲学［M］．上海：华东师范大学出版社，2003.

64. 余英时．朱熹的历史世界［M］．北京：三联书店，2004.

65. 赵峰．朱熹的终极关怀［M］．上海：华东师范大学出版社，2004.

66. 陈来．朱子书信编年考证［M］．北京：生活 读书 新知三联书店，2007 .

67. 高令印，高秀华，朱子学通论［M］．厦门：厦门大学出版社，2007.

68. 陈荣捷．朱学论集［M］．上海：华东师范大学出版社，2007.

69. 陈荣捷．朱子新探索［M］．上海：华东师范大学出版社，2007.

70. 陈荣捷．朱子门人［M］．上海：华东师范大学出版社，2007.

71. 郭齐．朱子学新探［M］．成都：四川大学出版社，2008.

72. 张立文．朱熹评传［M］．长春：长春出版社，2008.

73. ［美］田浩．朱熹的思维世界［M］．南京：江苏人民出版社，2009.

74. 乐爱国．朱子格物致知论研究［M］．长沙：岳麓书社，2010.

75. ［英］卜道成．解晓东译．朱熹和他的前辈们［M］．厦门：厦门大学出版社，2010.

76. 王锟．朱学正传［M］．上海：上海三联书店，2010.

77. 任继愈主编．中国佛教史［M］．北京：中国社会科学出版社，1981.

78. 葛兆光．禅宗与中国文化［M］．上海：上海人民出版社，1986.

79. 葛兆光．道教与中国文化［M］．上海：上海人民出版社，1987.

80. 任继愈主编．中国道教史［M］．上海：上海人民出版社，1990.

81. 方立天．佛教哲学［M］．北京：中国人民大学出版社，1991.

82. 周叔迪．佛教基本知识［M］．北京：中华书局，1991.

83. ［日］池田大作．佛法与宇宙［M］．北京：经济日报出版社，1991.

84. 陈鼓应．老庄新论［M］．上海：上海古籍出版社，1992.

85. 方立天．中国佛教与传统文化［M］．上海：上海人民出版社，1988.

86. 赖永海．中国佛性论［M］．上海：上海人民出版社，1988.

87. 任继愈．宗教大辞典［M］．上海：上海辞书出版社，1998.

88. 潘桂明．中国居士佛教史［M］．北京：中国社会科学出版社，2000.

89. 孔令仁．朱熹哲学与道家道教［M］．保定：河北大学出版社，2001.

90. 李霞．道家与中国哲学［M］．北京：人民出版社，2004.

91. 方立天．中国佛教哲学要义［M］．北京：中国人民大学出版社，2002.

92. 陈远宁．中国佛教与宋明理学［M］．长沙：湖南人民出版社，2002.

93. 马忠庚著．佛法与科学［M］．北京：社会科学文献出版社，2007.

94. ［唐］慧能著；郭朋校释．坛经校释［M］．北京：中华书局，1983.

95. ［明］朱棣集注．金刚经集注［M］．上海：上海古籍出版社，1984.

96. ［唐］佛陀多罗译．圆觉经［M］．上海：上海古籍出版社，1991.

97. 中国佛教文化研究所点校．长阿含经［M］．北京：宗教文化出版社，1999.

98. 史建、翟霞注．金刚经　坛经［M］．北京：华夏出版社，2006.

99. 赖永海、杨维中译注．楞严经［M］．北京：中华书局，2010.

100. 蔡方鹿、舒大刚、郭齐主编．新视野 新诠释——朱熹思想与现代社会［M］．成都：四川大学出版社，2007.

101. 傅小凡主编．朱子理学与武夷山文化［M］．厦门：厦门大学出版社，2008.

102. 中国大百科全书编辑委员会．中国大百科全书［M］．上海：中国大百科全书出版社，1987.

二、论文

1. 张立文．论朱熹哲学的逻辑结构［J］．中国哲学史研究，1981，(4)

2. 席泽宗．中国科学思想史的线索［J］．中国科技史杂志，1982，(2)．

3. 陈来．朱熹理气观的形成和演变［J］．哲学研究，1985，(6)．

4. 张立文．朱熹哲学与自然科学［J］．孔子研究，1988，(3)．

5. 杨国荣．义利与理欲：传统价值的多重性［J］．学术界，1994，（2）．

6. 刘兴邦．朱熹理欲观的价值义蕴［J］．船山学刊，1995，（2）．

7. 赖功欧．朱熹哲学的自然主义思想基础［J］．江西教育学院学报，1995，（5）．

8. 吴洲．朱熹理气共时性相即思路与其天理人欲观的内在矛盾［J］．福建论坛（文史哲版），1997，（6）．

9. 康来云．朱熹道德价值观的现代意义［J］．开封大学学报，1997，（1）．

10. 范立舟．从“理欲之辨”看朱熹对历史动因的解释［J］．中州学刊，1997，（5）．

11. 王成兴．朱熹的天文气象研究评析［J］．安徽大学学报（哲学社会科学版），1997，（4）．

12. 杨国荣．善何以可能——兼论中国传统伦理的思考向度［J］．社会科学战线，1998，（3）．

13. 徐刚．论朱熹对《黄帝内经》自然哲学方法的继承与发展［J］．上饶师专学报，1998，（5）．

14. 蔡方鹿．二程、朱熹对中国儒学的发展［J］．中国文化研究，1999，（2）．

15. 董光璧．作为科学家的朱子［J］．朱子学与21世纪国际学术研讨会论文集，2000.

16. 王国良．朝鲜朱子学的传播与思想倾向［J］．安徽大学学报（哲学社会科学版），2001，（11）．

17. 胡发贵．论儒家理欲观的历史理性与政治关切［J］．学海，2001，（3）．

18. 姜真硕．朱熹“与道为体”思想的哲学意义［J］．孔子研究，2001，（3）．

19. 蔡方鹿．朱熹对宋代易学的发展——兼论朱熹、程颐易学思想之异同［J］．周易研究，2001，（4）．

20. 韩焕忠．佛性论与程朱人性论重建［J］．孔子研究，2001，（6）．

21. 乐爱国．朱熹：一位被遗忘的天文学家［J］．东南学术，2002，

(6).

22. 蒙培元. 朱熹哲学生态观(上)[J]. 泉州师范学院学报, 2003, (3).

23. 蒙培元. 朱熹哲学生态观(下)[J]. 泉州师范学院学报, 2003, (5).

24. 王国良. 朱熹理学的解构与中国哲学传统的再诠释[J]. 安徽师范大学学报(人文社会科学版), 2003, (3).

25. 熊吕茂. "存天理,灭人欲"思想的现代启示——重评朱熹的理欲观[J]. 湖南科技大学学报(社会科学版), 2004, (2).

26. 李承贵. 朱熹佛教常识论——朱熹对佛教常识的认知及其检讨[J]. 江西师范大学学报(哲学社会科学版), 2004, (2).

27. 朱人求. 朱熹哲学的生命意识[J]. 东南学术, 2005, (2).

28. 束景南. 朱熹的"理一分殊"及其认识论指向[J]. 四川师范大学学报(社会科学版), 2006, (2).

29. 李霞. 老庄道家生死观研究[J]. 安徽大学学报(哲学社会科学版), 2007, (6).

30. 张俊. 朱熹思想与佛教关系[J]. 船山学刊, 2007, (4).

31. 苏敏. 朱熹生态伦理思想探析[J]. 江西社会科学, 2007, (10).

32. 陈海艳. 论老庄自然观及其影响[J]. 思想战线, 2008, (34).

33. 徐刚. 从自然哲学走向数学哲学——论朱熹自然哲学对元明清数学的影响[J]. 自然辩证法研究, 2008, (10).

34. 刘克兵、朱汉民. 朱熹思想体系中的知识与道德[J]. 湖南大学学报(社会科学版), 2008, (4).

35. 解晓东. 宋明理学中的道心人心问题[J]. 厦门大学学报(哲学社会科学版), 2009, (6).

36. 康宁. 论儒家自然哲学体系的建构[J]. 东岳论丛, 2009, (7).

37. 释坚意. 佛教的生命观[J]. 四川文理学院学报, 2010, (11).

38. 秦静良. 朱熹"格物致知"论的自然哲学意蕴发微——兼论以马克思主义的科学态度对待朱子[J]. 河南师范大学学报(哲学社会科学版), 2010, (7).

39. 肖美丰. 朱熹风水堪舆说初探[J]. 齐鲁学刊, 2010, (4).

40. 陆建华．生命的存在状态——以《老子》第三十九章、五十一章为中心［J］．安徽大学学报（哲学社会科学版），2011，(2)．

41. 乔清举．论儒家自然哲学的天道时序观及其生态意义——以《易传》为中心［J］．周易研究，2011，(5)．

后　记

本书系在我的博士学位论文基础上修改完善而成。借此书出版之际，向导师王国良教授表示深深的谢意！我有幸师从先生学习中国哲学，先生学识渊博，治学严谨，无论是为人还是为学，先生的教诲与指导都令我获益匪浅，师恩难忘，我难以言表心中的感激之情。特别感谢陆建华教授，先生为人真诚，学识渊博，对我的耐心指导和真诚帮助让我铭感于心。感谢李霞教授和徐国利教授的谆谆教诲、循循善诱，诸位老师渊博的知识和开阔的视野使我在学业上有诸多启发，先生们的悉心教导让我受益终生。

本书的出版感谢合肥工业大学出版社的大力支持，特别是朱移山老师的悉心指导和真诚帮助。

最后，我要感谢我的家人，你们的理解、支持与鼓励始终是我前行的动力。

本书虽已尽力为之，然终不能全然尽意，文中难免有不足与疏漏之处，唯愿能在今后的学习、工作和研究中，能加倍努力不断完善。

王　霞

2020 年 3 月

后 记

图书在版编目（CIP）数据

朱熹自然观研究/王霞著．—合肥：合肥工业大学出版社，2019.10
ISBN 978-7-5650-4652-0

Ⅰ.①朱…　Ⅱ.①王…　Ⅲ.①朱熹（1130-1200）—自然哲学—研究
Ⅳ.①B244.7②N02

中国版本图书馆 CIP 数据核字（2019）第 206420 号

朱熹自然观研究

王　霞　著　　　　责任编辑　朱移山

出　版	合肥工业大学出版社	版　次	2019 年 10 月第 1 版
地　址	合肥市屯溪路 193 号	印　次	2020 年 3 月第 1 次印刷
邮　编	230009	开　本	710 毫米×1010 毫米　1/16
电　话	人文编辑部：0551-62903310	印　张	9.5
	市场营销部：0551-62903198	字　数	151 千字
网　址	www.hfutpress.com.cn	印　刷	安徽昶颉包装印务有限责任公司
E-mail	hfutpress@163.com	发　行	全国新华书店

ISBN 978-7-5650-4652-0　　　　定价：38.00 元